POLYGLOTT on tour

Franziskus Kerssenbrock

Oman

Vereinigte Arabische Emirate

Top 12

besonderer Tipp

Warnung

Info

Hinweis

Restaurant

Unterkunft

Nightlife

Shopping

Literatur

POLYGLOTT-Top 12 Umschlagklappe vorne

Specials

Allgemeines

Städtebeschreibungen

Eine Gartenstadt, die den Besucher immer wieder zu überraschen weiß. Einst einer der betriebsamsten Häfen des Indischen Ozeans, ist Masqat heute ein Paradebeispiel zeitgenössischer arabischer Stadtplanung und Architektur.

Touren

Tour 3

Batinah-Ebene – Die fruchtbare Erde

Seite 60

Weite Plantagen, große Farmen und mächtige Burgen prägen die Kornkammer des Sultanats westlich von Maskat, die sich zum Meer hin einladend öffnet.

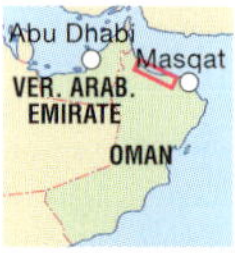

Tour 4

Dhufar – Heimat des Weihrauchs

Seite 63

Im Süden Omans liegt zwischen schimmernden Kokospalmen an der Küste und der großen Wüste seine eigenwilligste Provinz, die dem Jemen benachbart ist.

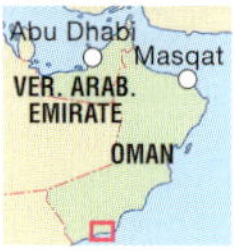

Rechts: Wachturm in der Oase von Fanja

Bildnachweis

Alle Fotos Johannes Frangenberg außer Dubai Palm Developers LLC: 10; Michael Fiala: 80-1; Peter Franzisky; 2, 8, 9, 15, 33, 55-1, 55-2, 56-2, 58-2, 59-1, 61, 71, 88; Thomas Hartmann: 18-2; Bernd Helms: 12, 43, 52-1, 52-2, 58-1, 63, 65, 67, 68, 74-2, 75-1, Umschlag Rückseite (oben); Volkmar Janicke: 2, 39-1, 72, 74-1, 76, 88, 89, 94, 96; Jumeirah International Image Library: 11; laif/Conrad Piepenburg: 7; Ullstein Bilderdienst: 25; Ernst Wrba: 6, 34; Titelbild: Bilderberg/Peter Ginter.

Sonne, Strand & Sand

Bademeilen in den VAE

Sharjah, Ajman, Umm al-Quwain

In den kleinen Emiraten Sharjah, Ajman oder auch Umm al-Quwain geht es viel weniger spektakulär zu. Zu den besten Adressen in Sharjah gehören das **Radisson SAS Resort** oder das **Sharjah Grand Hotel** (beide S. 91). Als gute Alternative bieten sich da das **Ajman Kempinski** und das **Ajman Beach Hotel** (beide S. 92) in Ajman oder das **Barracuda Resort** (S. 93) im Paradies für Wassersportler Umm al-Quwain an.

▮ **Beach Hotel,** Abu Dhabi, Tel. 644 30 00, www.rotana.com. Das wunderschöne Strandhotel in der Tourist Club Area bietet jede Menge Freizeitmöglichkeiten. ❍❍❍

Dubai

Zum absoluten Hit hat sich der Strand im Süden der Stadt Dubai entwickelt. Auf einem knapp 6 km langen Küstenabschnitt stehen neun Top-Herbergen der Spitzenklasse. Dazu kommen noch die diversen Beach Clubs jener Hotels, die im Stadtzentrum liegen. Sie alle bieten ihren Gästen neben einem gepflegten Strand die Möglichkeit, sich sportlich zu betätigen.

▮ **Jumeirah Beach Hotel,** Dubai, Tel. 348 00 00, Fax 348 22 73, www.jumeirah-beach.com. Exklusives Fünf-Sterne-Haus mit beeindruckender Architektur direkt gegenüber dem berühmten Burj al-Arab (s. S. 85 f.). Mit eigenem, 900 m langem Strand. ❍❍❍

Abu Dhabi

Im Geschäftszentrum Abu Dhabi beschränkt sich das Strandleben auf wenige kurze Abschnitte. Hier lassen sich die Gäste eher an den Poolbars oder in den exzellenten Strandrestaurants verwöhnen.

Fujairah

Die Ostküste des Emirats besteht aus den schroffen Ausläufern des Hajar-Gebirges mit weiten Buchten in denen die Hotels liegen (s. S. 95). Fujairah ist bekannt für seine traumhaft schönen Tauchregionen.

Badeparadiese

Die von Palmen gesäumten Strände Arabiens vor der Kulisse eines blaugrün schimmernden Meeres halten locker den Vergleich mit der Karibik aus. Vor allem das Emirat Dubai hat sich zu einem Badeparadies der Luxusklasse entwickelt. Wer jedoch auf gekühlte Cocktails und den bequemen Liegestuhl verzichten kann und statt dessen einsame Stunden an felsigen Sandbucht bevorzugt, wird an Omans 1700 km langer Küste garantiert fündig. Einziger Wermutstropfen: Längere Anfahrtswege.

Omanische Einsamkeit

Individualisten, die wenig Wert auf Komfort legen und schon immer von 1000 m Privatstrand geträumt haben, dürften an der »Coastal Caravan«, der Strecke entlang der omanischen Ostküste südlich der Wahiba-Wüste nach Salalah, fündig werden. Ein beliebtes Wochenendziel nahe der Hauptstadt ist auch die Küste zwischen Masqat und Sur mit ihren kleinen, felsigen Sandbuchten.

Campingausrüstung

Schlafsack, Isomatte und Zelt sollten man schon selbst mitbringen. Ein einfaches Zelt kostet in Oman umgerechnet ca. 90 €. Ausrüstungsgegenstände wie Essgeschirr gibt es bei **Khimjis Sports Shop** (Tel. 79 37 25) in Matrah oder den großen Supermärkten wie etwa Al Fair in Qurum zu kaufen.

- Die omanischen Agenturen **Eihab Travel** (Tel. 79 62 82) und **Zubair Tours** (Tel. 69 29 40) in Masqat verleihen Camping-Grundausstattungen.
- Bei den deutschen Fernreiseveranstaltern **Nomad-Reisen** (Weisshausstr. 25, 50939 Köln, Tel. 02 21/27 22 09 10, www.nomad-reisen.de) und **Geoplan Touristik** (Steglitzer Damm 96b, 12169 Berlin, Tel. 0 30/795 40 21) erhält man bei einer Buchung neben wertvollen Tipps zur Reiseorganisation und Routenausarbeitung auch im Gastland die komplette Ausrüstung kostenlos zur Verfügung gestellt.

Die hoteleigenen Strände sind eigentlich nur den Hausgästen zugänglich. Gegen ein geringes Entgelt kann jedoch auch der Besucher den angebotenen Komfort genießen.

Es versteht sich von selbst, dass man als Urlaubsgast die Kultur der Gastgeber respektiert und sich in einem arabischen Land nie – auch nicht an den einsamsten Stränden – hüllenlos bewegt.

Die Entdeckung der Langsamkeit

Ganz ohne Frage ist diese Art des Reisens für den schnelllebigen Europäer gewöhnungsbedürftig. Statt Handygeklingel rauscht die ungewohnte Stille in den Ohren.

Gängige Routen

Das Kamel
Warum guckt das Kamel so arrogant? Antwort: Allah hat hundert Namen. Der Mensch kennt 99. Nur das Kamel weiß den Hundertsten ... und schweigt!

Im Sultanat Oman werden Kameltreks in der Wahiba-Wüste angeboten. Entweder handelt es sich um verschiedene Rundtouren unterschiedlicher Länge mit identischem Ausgangs- und Zielort oder – was sehr viel schöner ist – einem Wochentrip bis zu den Gestaden des Indischen Ozeans. Die Wahiba ist im Vergleich zu den Wüsten der Erde mit nur 15 000 km2 ein überschaubarer Sandkasten. In den Emiraten werden Ausflüge in die Dünen des Leeren Viertels um Al-Ain oder in die Khawaneej, eine Region nahe Dubai, angeboten.

Im Gegensatz zu den Jockeys auf den Rennkamelen wird niemand auf dem Rücken des Tieres festgeschnallt. Um eventuellen Rückenschmerzen vorzubeugen, empfiehlt es sich, mehrmals täglich neben der Karawane herzulaufen. Mögliche Verspannungen, so behaupten jedenfalls die Profis, seien nach zwei bis drei Tagen verschwunden.

Die andere Art des Reisens

Spätestens mit Sonnenaufgang muss man sich aus dem Schlafsack schälen. Während die Gäste ein einfaches Frühstück zu sich nehmen, werden die Kamele gesattelt, denn bis zur heißen Mittagszeit müssen etwa 15 bis 20 km zurückgelegt sein. Während der mehrstündigen Mittagsrast bereiten dann die Beduinenführer einen frischen Tee zum Imbiss vor. Im warmen, weichen Licht des Nachmittagssonne zieht die Karawane bis kurz vor Sonnenuntergang noch einmal rund 10 km weiter, bevor das Camp zwischen Dünen aufgeschlagen wird.

Die Wüste lebt Wer sich etwas abseits der Reisegruppe wagemutig ohne Zelt zur einsamen Nachtruhe betten möchte, sollte sich wegen Skorpionen und anderen Krabbeltieren von Büschen fern halten.

Ausrüstung

Auf keinen Fall dürfen Sonnenschutzcreme (hoher Lichtschutzfaktor) und die Kopfbedeckung vergessen werden. Wer kann, sollte es den Beduinen nachmachen und sich eins der schönen omanischen Tücher (massaar) besorgen und es als Turban um den Kopf winden. Die ebenfalls aus leichter Baumwolle gefertigte Hose sollte bei angewinkelten Knien noch die Knöchel bedecken. Praktisch sind Schuhe, die man auf dem Kamel sitzend leicht abstreifen und vor dem Absitzen wieder anziehen kann. Zum Verstauen des persönlichen Gepäcks empfehlen sich Rucksäcke oder Reisetaschen aus widerstandsfähigen, weichen Textilien, damit sich das Kamel nicht die Flanken aufreibt.

Tagesausflüge

Die meisten Veranstalter in den Emiraten bieten nur kurze Trips im Rahmen eines Tagesausflugs mit Geländewagen an.

Arabian Adventures, Dubai, Tel. 303 48 88, www.arabian-adventures.com.

Al-Ain Camel Safaris, in Al-Ain im Hilton Hotel, Tel. 768 80 06, alcamels@emirates.net.ae.

Die Ausflugsziele der Agentur liegen praktisch vor der Haustür. Die teils mehrtägigen Touren gehen in die fantastische Dünenlandschaft des Leeren Viertels.

Im Sultanat Oman haben die entsprechenden Agenturen ihre Büros in Masqat.

Empty Quarter Tours, Tel. 938 76 54, www.emptyquartertours.com

Einen reinen Trekkingurlaub mit Kamelen sollten Sie bereits von ihrem Heimatland aus buchen (Adressen s. S. 33).

Steinsegel und künstliche Palmen

Wer nach Duabi reist, um das alte Arabien zu erleben, wird sich schwer tun und auf Museen ausweichen müssen. Dubai ist modern, seiner Zeit schon fast ein wenig voraus, eindrucksvoll führen die Dubaier vor, was man mit viel Geld und Platz zum Bauen erreichen kann. Jetzt plant auch der Nachbar Oman das erste zukunftsweisende Großprojekt...

★ Die Lobby des Luxushauses reicht bis unter das Dach des insgesamt 320 m hohen Hotels und ist damit die höchste der Welt. Der Eiffelturm fände locker Platz! Zur Innendekoration wurden neben bestem Carrara-Marmor auch 10 000 m² Blattgold verwendet. Das größte »Zimmer« misst 780 m²: die Königssuite kostet 15 000 US$ – nein, nicht gekauft – pro Nacht! www.burj-al-arab.com

Burj al-Arab

Aufsehen erregte das erste – und bis jetzt einzige – Sieben-Sterne-Hotel der Welt. Das einmalige, segelförmige Bauwerk thront imposant auf einer künstlichen Insel am Jumeirah Beach und überragt mit seinen 28 Stockwerken alle bisher gebauten Hotels. Nur feinstes Baumaterial fand Verwendung, die Zimmer so groß wie in anderen Häusern nicht einmal die Suiten und die Einrichtung undenkbarsten Komforts (eine Fernbedienung für die Fensterjalousien!) rechtfertigen Preise von 900 US$ pro Nacht: Doch darauf kam es nicht an, denn selbst wenn das Haus die nächsten 50 Jahre jede Nacht ausgebucht sein sollte – es hätte sich noch nicht amortisiert!

The Palm

Kurz vor der Vollendung steht der erste Teil eines Projekts, das der chinesischen Mauer Konkurrenz machen wird: Zwei künstlich aufgeschüttete Palminseln mit einer Länge von 6 km werden vom Mond aus sichtbar sein. Modernste Wohnanlagen, darunter eine Appartementanlage auf Stelzen im Meer, stehen den Dubaiern zur Verfügung. Für Touristen sind luxuriöseste Hotels geplant und ein Freizeitangebot ohne gleichen!
Nicht nur auf, sondern auch um die Inseln herum entsteht Unglaubliches: Die berühmtesten Tauchreviere der Erde werden nachgebaut, so z. B. das berühmte »Great Barrier Reef« Australiens. Neben den üblichen Sportmöglichkeiten soll auch außergewöhnliches neue Gäste locken, z. B. Schatztauchen: in einem begrenzten Unterwasserareal werden Goldbarren versteckt – wer ihn findet darf ihn behalten.

▮ Durch die beiden neuen Inseln erhält Dubai 120 km zusätzlichen Sandstrand. Das Baumaterial (100 Mio. m^3 Gestein und Sand) allein einer Insel reichte als 2 m hohe und 0,5 m breite Mauer dreimal um die Erde! Auf jeder dieser riesigen Palmen sollen 2500 Villen, 2400 Appartements und Hotels mit einer Gesamtkapazität von 4000 Zimmern entstehen.
www.palmisland.co.ae

The World

Für 2008 ist ein weiteres megalomanes Projekt anvisiert. Nicht zwei, sondern über 200 (!) künstliche Inseln sollen aufgeschüttet werden — nicht so groß wie die »Palmen«, dafür aber in Form einer Weltkugel. Jede Insel soll den dargestellten Kontinent und seine Einwohner sowohl in Flora und Fauna als auch im Baustil der zu errichtenden Architektur repräsentieren.
▮ Die neue Welt wird 4 km von der Küste entfernt liegen und nur per Boot oder Flug erreichbar sein.
www.nakheel.ae/nakheelweb

The Wave

Nein – nicht noch mal Dubai! Aber deren Bauenthusiasmus ist scheinbar auf den Nachbarstaat Oman übergesprungen. Ein modernes Erholungsgebiet mit mehreren Hotels ist an der Batinah-Küste bei Ras as-Suwadi geplant. Zwar werden keine künstliche Inseln aufgeschüttet, sondern die gegebenen Naturschönheiten schonend mit einbezogen, aber für das Sultanat ist es ein zukunftsweisendes Projekt, um sich in langsamen Schritten vom Ölmarkt zu lösen, denn die Vorkommen Omans sind ebenso beschränkt wie jene in Dubai.

Und noch ein Superlativ in Dubai: Ein Kempinski mit der längsten Indoor-Skipiste der Welt soll Ende 2005 eröffnet werden.

Dishdasha und Handy

Seit der Entdeckung großer Erdölvorkommen am Arabischen Golf genießt die Meerenge der Straße von Hormuz die bisweilen bange Aufmerksamkeit der westlichen Wirtschaft und Öffentlichkeit, kann der Transport des überlebenswichtigen Rohstoffs an dieser Stelle doch nur allzu leicht unterbrochen werden. Das Bild, das in Europa von den angrenzenden Ländern gezeichnet wurde und wird, beschränkt sich in erster Linie auf den Petrodollar-Reichtum, die »Wüste« und die schier endlos scheinenden, unberührten Sandstrände. Der tatsächlichen Vielfalt wird dieses Klischee nicht gerecht.

Tradition und Moderne

Bereits im dritten vorchristlichen Jahrtausend entwickelten sich hier Kulturen, die intensive Handelsbeziehungen nach Mesopotamien und Indien unterhielten. In Dhufar erblühte »Arabia felix«, reich und wohlhabend wegen des Weihrauchs, der bis nach Ägypten und Rom exportiert wurde. Mit Sammaram, das den Palast der Königin von Saba beherbergt haben soll, und Ubar, dem legendären »Atlantis der Wüste«, entstanden prachtvolle Städte. An der Küste wiederum erlebten die Hafenstädte einen ungeahnten Aufschwung. Bis in das 19. Jh. galt Oman als ebenbürtiger Konkurrent der europäischen Mächte im Indischen Ozean.

Es zahlt sich aus, die großen Städte zu verlassen, um in aller Muße die verschiedenen Regionen, ihre unterschiedlichen Charaktere und Stimmungen zu erkunden.

Bewässerungskanal bei Tanuf

Ob es sich dabei um die karge Welt der Halbinsel Musandam, die schroffen Wadis in den Gebirgen, die glanzvollen Städte, Festungen und Paläste des Inneren Oman, die endlos scheinenden Palmenoasen, die alten Hafenstädte, die Wüsten, die Tierwelt oder die eigenwillige Provinz Dhufar an der Grenze zum Jemen handelt: Das östliche Ende der Arabischen Halbinsel vereint eine faszinierende Natur, Kultur und traditionsreiche Geschichte.

Mehr noch: Wo andere Länder unter dem Ansturm neuer Technologien und Ideen bisweilen zu zerbrechen drohen, leben Tradition und Moderne

Falaj und Festungen

In den Oasen des Nordens legten die Bewohner ein ausgeklügeltes Bewässerungssystem *(falaj)* an, das den wechselvollen Lauf der Geschichte bis heute überdauert hat, und versuchten sich mit dem Bau eindrucksvoller Festungsanlagen gegen feindliche Angriffe zu wehren.

hier friedvoll miteinander. Während Zentren wie Abu Dhabi, Dubai und Masqat rasant anwachsen und sich entlang breiter Schnellstraßen in das Umland ausweiten, verharren etwa die Orte im Jebel-Akhdar-Gebirge in einer Welt, die sich im Lauf von gut 2000 Jahren kaum verändert hat. Nicht nur in den abgeschiedenen Gebirgsdörfern und Oasen, sondern auch in den supermodernen Großstädten bleiben die Menschen ihren Traditionen, so auch der Gastfreundschaft gegenüber Fremden, treu. Wer sich Land und Leuten behutsam und respektvoll nähert, kann daran teilhaben.

Lage und Landschaft

Sultanat Oman

Das Sultanat Oman breitet sich am östlichen Ende der Arabischen Halbinsel aus und umfasst eine Fläche von 309 500 km². Seine nördlichste Exklave ist die Halbinsel Musandam an der Straße von Hormuz, womit das Sultanat auch einen Zugang zum Arabischen Golf hat. Musandam sowie die Exklave Madha werden durch die Vereinigten Arabischen Emirate, den nordwestlichen Nachbarn, vom Hauptland abgeschnitten. Im Westen grenzt Saudi-Arabien, im Süden die Republik Jemen an das Sultanat. Seine Nordküste liegt am Golf von Oman, die Ostküste am Arabischen Meer.

Das 650 km lange Hajar-Gebirge erstreckt sich von der Halbinsel Musandam im Norden bis nach Ras al-Hadd im Osten. Mit 3009 m Höhe ist der Jebel Shams die höchste Erhebung der Bergkette. Der Samail-Pass unterteilt den Gebirgszug in eine westliche *(gharbiya)* und eine östliche *(sharqiya)* Region.

Zur Nordküste hin breitet sich die Batinah-Ebene auf einer Länge von 350 km zwischen Seeb und der Grenze zu den Vereinigten Arabischen Emiraten (VAE) aus. Auf einem etwa 3 km breiten, fruchtbaren Küstenstreifen werden Datteln, Bananen, Mangos, Papayas und Gemüse gezogen.

Im Süden der Bergregion schließt sich die 16 000 km² große Wahiba-Sandwüste (Wahiba Sands) an. Weiter südlich breitet sich die Jiddat al-Harasis aus, eine 500 km lange Kies- und Schotterwüste. Westlich davon beginnt die zentralarabische Sandwüste, Rub al-Khali, das so genannte Leere Viertel.

Ganz im Süden Omans liegt das Kalksteingebirge des Dhufar, dessen Höhenzüge 1200 m erreichen. An den Nordhängen wachsen die berühmten Weihrauchbäume, während sich zur Küste hin die weite Ebene von Salalah erstreckt.

Vereinigte Arabische Emirate

Die 85 000 km² großen Vereinigten Arabischen Emirate (VAE) werden im Süden und Westen von Saudi-Arabien begrenzt, im Osten und Norden von Oman. Die Küste zum Arabischen Golf erstreckt sich über 750 km und mit dem Emirat Fujairah auch noch über 75 km am Golf von Oman.

Die Landschaften der Emirate lassen sich in zwei unterschiedliche Typen einteilen: zum einen in die Ausläufer der zentralarabischen Wüste bis hin zur Golfküste im Westen, zum anderen ins Hajar-Gebirge, das von Musandam aus in südöstlicher Richtung verläuft. Während die Emirate Abu Dhabi, Dubai, Sharjah, Ajman und Umm al-Quwain v. a. von den Ebenen der Wüste geprägt sind, besitzen Ras al-Khaimah und Fujairah einen gebirgigen und teils sehr grünen Charakter.

Klima und Reisezeit

Sultanat Oman

Die Hauptstadt Masqat zählt zu den heißesten Städten der Welt. Mit dem Schlagworten »Hitze« und »Trockenheit« ließe sich das Klima des Landes kurz, bündig und unvollständig beschreiben, denn den lokalen Klimaunterschieden wird eine solche Zusammenfassung nicht gerecht.

An der Küste zum Golf von Oman herrschen unterschiedlich hohe Temperaturen, die zwischen 28 und 45 °C schwanken. Im Sommer, wenn sie auf bis zu 50 °C steigen können, erreicht die Luftfeuchtigkeit Werte bis zu 95 %. Im Winter (Okt.–März) sinken Temperaturen und Luftfeuchtigkeit, bis sie etwa mitteleuropäischen Sommerwerten entsprechen. In dieser Zeit kann es zu tagelangen Regenfällen kommen, die Wadis (Trockenflussebenen) wie Straßen überfluten, von der Bevölkerung jedoch mit Freude aufgenommen werden, da der durchschnittliche Jahresniederschlag bei lediglich 100 mm liegt.

Mit zunehmender Höhe im Gebirge sinken die Temperaturen, auch spielt die Luftfeuchtigkeit hier keine so große Rolle wie an der Küste. Besondere Vorsicht ist bei Niederschlägen angebracht, die meist wolkenbruchartig erfolgen und Wadis binnen kürzester Zeit in reißende Ströme verwandeln.

In Dhufar herrscht zwischen Juni und September der Monsun vor. Wegen der Temperaturen um 35 °C und des stetigen leichten Regens kommen Touristen aus den feucht-heißen Golfstaaten und nördlichen Teilen Omans. Die Ebene von Salalah und das Dhufar-Gebirge verwandeln sich dann in eine grüne Landschaft. Im Winter sinken die Temperaturen auf etwa 25 °C, der Himmel ist wolkenlos, die See warm und ruhig.

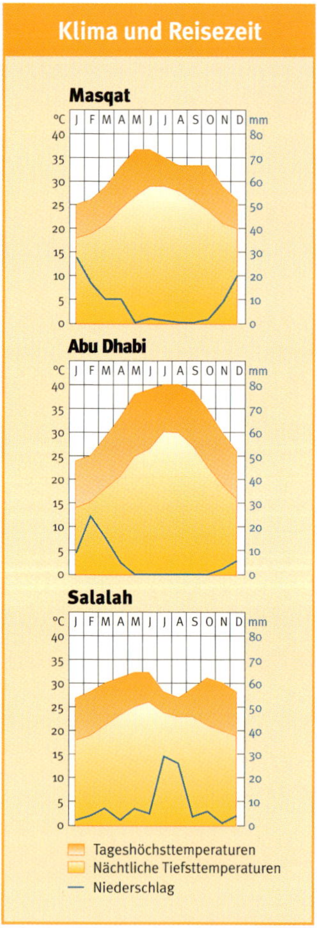

Oryxantilopen im Zoo von Al-Ain

Vereinigte Arabische Emirate
Die Klimaverhältnisse in den VAE sind mit jenen Omans vergleichbar, wobei die Temperaturen im Landesinneren – die Gebirge ausgenommen – in der Regel etwas höher sind als an der Küste. Die beste Reisezeit sind daher die Monate Oktober bis März.

Fauna

Die Vielfalt ist erstaunlich, auch wenn man ihrer als Reisender meist nicht gewahr wird. Neben den Antilopen gibt es verschiedene Gazellenarten, wie Kropf- und Wüstengazellen oder Steinböcke. Im Hajar-Gebirge leben Füchse, Hyänen und sogar Leoparden.

Meeresschildkröten
An den Küsten versammeln sich Meeresschildkröten alljährlich im Sommer, um dort ihre Eier abzulegen. Im Interesse der von der Ausrottung bedrohten Tiere wurde das Gebiet von Ras al-Junayz (s. S. 52) unter Naturschutz gestellt. Wer diesen Küstenabschnitt unerlaubterweise betritt, muss mit einer hohen Geldstrafe rechnen. Nur wer persönlich beim Ministry of Re-

Operation Oryx

Das Tier, dessen Bilder und Statuen überall im Land Verkehrsinseln und Felsen zieren, ist die berühmte Weiße Oryx *(Oryx gazella leucoryx)*. Nicht nur, dass die arabische Oryxantilope als Vorbild für das legendäre Einhorn gedient haben mag (im Profil sieht es aus, als vereinten sich die beiden spitz zulaufenden Hörner zu einem), das Tier ist zudem Symbol der erfolgreichen omanischen Bemühungen, die erstaunlich große Vielfalt an Fauna und Flora zu erhalten. Ursprünglich waren die Antilopen, deren Fell zur besseren Tarnung fast vollständig weiß ist, auf der gesamten Arabischen Halbinsel verbreitet. Es waren vor allem die mit automatischen Gewehren ausgerüsteten Jagdgesellschaften benachbarter Länder, die auf der Jagd nach der begehrten Trophäe den Bestand stark gefährdeten. Anfang des 20. Jhs. existierten nur noch im Sultanat, den VAE und im Jemen einige wenige Oryxantilopen. 1972 wurden in Oman die letzten sechs frei lebenden arabischen Oryxantilopen erlegt. Zwei Jahre später regte Sultan Qaboos die Wiederansiedlung der Tiere in der Jiddat al-Harasis an. In Zusammenarbeit mit dem World Wildlife Fund (WWF), mit Jordanien sowie britischen und amerikanischen zoologischen Gesellschaften wurden 1982, 1984 und 1988 Herden in freier Wildbahn ausgesetzt. Inzwischen ist die Population der frei lebenden Tiere auf etwa 400 angewachsten, weitere 70 Tiere warten derzeit im Gehege auf ihre Auswilderung.

gional Municipalities and Environment, Wildlife Management Branch, einen »Visitor's Pass« beantragt hat, kann die Tiere – unter strengen Verhaltensvorschriften – aus der Nähe beobachten.

Unterwasserwelt

Die Küstengewässer Omans gehören zu den fisch- und artenreichsten des Indischen Ozeans. Insgesamt wurden mehr als 150 verschiedene Fischarten gezählt. In den gelb, rot und purpurrot gefärbten Korallenriffen lebt eine Unzahl tropischer Fische, darunter Papageienfische, rote und blaue Falkenfische, Löwen- und Schmetterlingsfische.

Zu den größeren Bewohnern, die hier anzutreffen sind, gehören auch Buckel- und Pottwale, Delfine sowie Hammer- und Makrelenhaie.

Zugvögel

Dank ihrer günstigen geographischen Lage dienen Oman und die Emirate vielen Zugvögeln als Station auf ihren Reisen zwischen Nord und Süd.

Vor den Toren Dubais, Masqats und Salalahs ebenso wie im Jebel Akhdar, den Wahiba Sands, der Jiddat al-Harasis und auf den Inseln von Ras as-Suwadi und Ras al-Khayran wurden große Schutzgebiete für Flamingos, Störche, Kraniche und Reiher, Adler, Schmutzgeier, Wildenten und -gänse, Falken, Habichte und Seeadler eingerichtet.

Flora

Auf den ersten Blick beherrscht die Dattelpalme vor allem in den nördlichen Gebieten Omans und den Oasen der Emirate das Landschaftsbild. Erst auf den zweiten Blick entdeckt man die vielen anderen Nutz- und Wildpflanzen. Dank des Klimas gedeihen in den Gärten und Plantagen auch Papayas, Mangos, Bananen, Zitronen und Limonen, die, wie viele andere Nutzpflanzen, etwa Granatapfel, Pfirsich, Aprikose, Feige oder Rosen, aus anderen Weltgegenden importiert wurden.

Auch in der Wüste gibt es eine Vielzahl an Pflanzen. Viele von ihnen überstehen jahrelange Dürreperioden, um nach einem Regenguss aufzublühen, die Wüste in ein farbiges Kleid zu tauchen und die Samen für die nächste Generation zu verbreiten.

In der omanischen Provinz Dhufar richtet sich alle Aufmerksamkeit auf eine unscheinbar wirkende Pflanze, den Weihrauchbaum. Sein Verbreitungsgebiet, die Nordabdachung des Dhufar-Gebirges, ist nicht sehr groß – und nur wenn der Baum nicht zu viel Feuchtigkeit ausgesetzt ist, produziert er das angenehm riechende Harz, das seit Jahrtausenden in alle Welt exportiert wird. Die Gewinnung ist mühsam: Die Rinde wird vorsichtig angeritzt, ein milchiger Saft beginnt zu tröpfeln – das ist noch keinesfalls der Weihrauch. Nach ein paar Tagen ritzt man an derselben Stelle vorsichtig etwas tiefer – erst dann beginnt das Harz des Baumes auszutreten. Nach zwei Wochen sind die Tropfen trocken genug, um geerntet werden zu können. Danach müssen sie in einem absolut trockenen Gebiet in der Sonne ausgebreitet werden, bis sie durchgehend hart sind.

Auch sonst unterscheidet sich die Flora der Südprovinz von der des restlichen Landes. Statt der Dattelpalme dominiert die Kokospalme die Plantagen der Ebene, und an den Abhängen der Gebirge gedeihen immergrüne Laubbäume. Umweltschutz steht vor allem im Sultanat hoch im Kurs. Auf Umweltverschmutzung jeglicher Art sowie auf die Verschwendung von Wasser stehen strengste Strafen.

Bevölkerung und Soziales

Vereinigte Arabische Emirate

Rund 3,8 Millionen Menschen leben in den Vereinigten Arabischen Emiraten, jedoch nur ein Viertel davon besitzt auch deren Staatsbürgerschaft. Der wirtschaftliche Aufschwung und der Arbeitskräftebedarf der Erdöl produzierenden Industrie hat vor allem in den Emiraten Abu Dhabi und Dubai dazu geführt, dass in den gleichnamigen Hauptstädten bis zu 90 % der Bevölkerung Gastarbeiter sind.

Die ursprüngliche Bevölkerung, die »Emiratis«, setzt sich aus den arabi-

Falaj – Quell des Lebens ...

Im Wort falaj steckt schon der Sinn: *falaj* bedeutet »verteilen«. Und gerecht verteilt wird Wasser, das mittels eines ausgeklügelten Systems – oberirdisch verlaufender Kanäle oder unterirdischer Stollen – von den Quellen zu Feldern und Ortschaften geleitet wird.

Der Sage zufolge soll es König Salomon (von Muslimen als Prophet verehrt) gewesen sein, der, auf seinem Teppich über Oman fliegend, die Menschen ihre Not klagen hörte. Daraufhin befahl er seinen dienstbaren Geistern, ein unterirdisches Netz von Kanälen anzulegen. In Wirklichkeit waren es wahrscheinlich die Perser, die im Hochland von Iran ein derartiges Wassersammelsystem entwickelten und ihr Wissen vor rund 2500 Jahren nach Oman brachten.

Grundsätzlich werden zwei Arten von *falaj* unterschieden: der oberirdische *ghayl-falaj* und der unterirdische *qanat falaj*. Bei Letzterem handelt es sich um einen horizontalen Stollen, der von einer Quelle am Fuß eines Berges bis zu den Feldern vorgetrieben wird. Dabei muss darauf geachtet werden, dass die Stollen keine oder nur eine äußerst geringe Steigung aufweisen und zudem mit Schächten zur Licht- und Luftzufuhr für die Arbeiter versehen werden.

Erreichte das Wasser die Oase, folgte seine Verteilung nach einer festgelegten Reihenfolge. Zuerst kam die Stelle der Trinkwasserentnahme, die manchmal auch innerhalb der Festung lag. Anschließend bediente es die Moschee für die rituellen Waschungen. Danach kam die Viehtränke, bevor es schließlich in mehreren Kanälen (*aflaj*, Pluralform) in die Gärten gelangte.
Die Wasserzuteilung unterlag bis vor kurzem einer strengen Regelung, die jedem – ohne Ansehen der Person und des Standes – den jeweils notwendigen Teil zusicherte. Durch eigens entwickelte Bewässerungsuhren (Sonnenuhren und Sternenkalender) wusste jeder Bauer genau, wann er mit der Zuteilung rechnen konnte. Zur Beaufsichtigung des Regelwerks wird noch heute ein Mann, der *waqil falaj*, eingesetzt, der zudem für die Instandhaltung des gesamten Systems verantwortlich ist.

Die Omanis sind stolz auf ihr gut erhaltenes *falaj*-Netz, und seine Bedeutung für die Landwirtschaft ist immer noch sehr groß.

Im Gemüse-Suq

Beduinenjunge

schen Stämmen der Bani Yas und Al-Qasimi zusammen. Letztere siedelten sich Mitte des 18. Jhs. in Sharjah und Ras al-Khaimah an, schon bald zogen Perser, Belutschen und Inder hinzu. Gleiches gilt für die den Bani Yas angehörenden Gründer Dubais. Nur wenige Ausländer ließen sich im Emirat Abu Dhabi nieder, das bis vor 35 Jahren als Armenhaus der Emirate galt. In Ermangelung von Handelszentren wie Dubai oder Sharjah gab es keinen Grund für andere Völker, sich hier anzusiedeln, zudem lebte der Großteil der Bevölkerung in den isolierten Oasen von Liwa und Al-Ain, kaum aber an der Küste. Die Bedingungen haben sich, wie gesagt, geändert. Den Gastarbeitern werden indes keinerlei Rechte zugestanden, sie besitzen lediglich Zeitverträge und sind ständig von Abschiebung bedroht.

Inzwischen wurde auch das Recht auf Schulbildung gesetzlich verankert. Die meisten Kinder besuchen Privatschulen, die den Vorgaben der Regierung unterworfen sind. Wer seine Schulausbildung in Übersee durch ein Studium komplettieren will, kann auf Unterstützung des Staates zählen.

Sultanat Oman

In Oman ist nicht nur der Anteil der Gastarbeiter mit etwa 27 % an der Gesamtbevölkerung von rund 2,9 Millionen Menschen wesentlich geringer, es lassen sich an Gesichtern und unterschiedlichen Hautschattierungen auch die verschiedenen Einflüsse erkennen, denen die alte Seefahrer- und Handelsnation im Lauf ihrer Geschichte ausgesetzt war. Der Großteil der Omanis stammt von den arabischen Stämmen der Azd und Nizari aus dem Nejd ab, die ab dem 2. Jh. n. Chr. einwanderten. Im Süden des Landes, in Dhufar, ist der jemenitische Einfluss unübersehbar. Dies zeigt sich auch daran, dass die Dhufaris Sunniten, der Rest der Omanis jedoch Ibaditen sind. Durch den Überseehandel kamen Perser, Inder, Belutschen sowie Afrikaner hinzu und hinterließen ihre Spuren.

Als »Sansibaris« werden Nachkommen jener Omanis bezeichnet, die während der 1960er Jahre von der Insel Sansibar (seit langem Wahlheimat für viele Omanis) vertrieben wurden und im Sultanat eine neue alte Heimat fanden. Einige blieben jedoch auf der Insel und unterlagen daher nicht den schlechten Bildungsverhältnissen in Oman. Deshalb waren sie nach 1970 sehr gefragte Fachkräfte im Verwaltungsbereich.

In vielen Oasen müssen die Frauen das Wasser noch in Eimern holen

Soziale Sicherheit

Die einheimische Bevölkerung profitiert erheblich von den Erdöleinnahmen, denn gemäß der arabischen Tradition verwaltet der Scheich das Geld nur und ist verpflichtet, die Mitglieder seines Stammes zu unterstützen. Das schlägt sich auch in einem großzügigen Sozialnetz nieder: Es herrscht Steuerfreiheit, das hoch entwickelte Gesundheitssystem ist ebenso wie der obligatorische Schulbesuch kostenlos. Da es in Oman wie in den VAE nur eine Universität gibt, begeben sich viele der Studienanwärter nach Europa oder in die USA, um dort einen Hochschulabschluss zu erlangen.

Frauen in der Gesellschaft

Der Frau kommt in der arabischen Familie eine zentrale Rolle zu, sie verwaltet die Finanzen und hat in vielen Bereichen, die die Familie und somit auch den Stamm betreffen, ein gewichtiges Wort mitzureden. So kann es durchaus passieren, dass Männer beim Handeln im Suq beobachtet werden können, die sich dann an ihre Frauen wenden müssen, um von ihnen das Geld zu erbitten.

Seit den 1970er Jahren wurden vor allem in Oman viele Gesetze erlassen, die Frauen nicht nur freien und uneingeschränkten Zugang zu Bildung und Beruf garantieren, sondern darüber hinaus auch gleichen Lohn. Immer mehr junge Frauen nehmen die Bildungs- oder Berufsmöglichkeiten wahr. Als in Oman kurzzeitig diskutiert wurde, ob Frauen ihre Arbeitsplätze den Männern überlassen sollten (Arbeitslosigkeit ist im Sultanat kein Fremdwort mehr), dekretierte Sultan Qaboos kurz und bündig, dass Ansinnen dieser Art den Grundsätzen des Islam widersprechen und durch nichts zu rechtfertigen sind.

Die Diskussion ist seither verstummt. Selbst in Fragen der Empfängnisverhütung interpretiert die omanische Regierung den Koran zustimmend. Dies wäre in Saudi-Arabien oder im Iran undenkbar. Eine ähnliche Politik, wenngleich nicht ganz so fortschrittlich, wird auch in den Vereinigten Arabischen Emiraten verfolgt.

Indische Gastarbeiter

Ibn Ibads Lehre

Im Jahr 630 überbrachte Amr bin al-As den Königen der Julandi-Dynastie einen Brief des Propheten Mohammed, in dem dieser die Herrscher von Byzanz, Äthiopien, Persien, Ägypten und Jemen aufforderte, ihn als Propheten Gottes anzuerkennen und die neue Religion des Islam anzunehmen, widrigenfalls »meine Reiterei Euer Gebiet besetzen und meine Prophetenschaft über Eure Reiche siegen werde«. Ob es der Brief oder die Religion selbst war, was sie dazu veranlasste, sei dahingestellt, jedenfalls beschlossen die Fürsten Abad und Jaifar zu konvertieren.

Unter den beiden ersten Kalifen, Abu Bakr (gest. 634) und Umar (gest. 644) stellten die Omanis – die als besonders glaubensfest galten – wichtige Truppenteile für die Eroberungszüge. Im Jahr 751 wandten sie sich jedoch endgültig den Lehren des Abdullah bin Ibad zu, der ab 683 eine Rückkehr zu den ursprünglichen Werten des Islam forderte und eine eigene islamische Doktrin entwickelte, die keiner der beiden muslimischen Hauptrichtungen Sunna und Schia zuzurechnen ist.

Gesegneter Oman

Oman (Ghubaira) war das einzige Land, das sich freiwillig der neuen Lehre anschloss – ein Ereignis, das Mohammed mit den Worten: »Gesegnet sei das Volk von Ghubaira. Sie glauben an mich, ohne mich jemals gesehen zu haben« kommentiert haben soll.

Die Grundpfeiler der Ibaditen

Ähnlich wie bei den Schiiten steht der Imam der Glaubensgemeinschaft vor, der sich vom Kalifen insofern unterscheidet, als er mehr religiöses Oberhaupt – mit weltlichen Aufgaben – der Gemeinde ist. Der Imam muss kein Nachfahre des Propheten und seines Schwiegersohns Ali sein, er wird allein aufgrund seiner Fähigkeiten von der Gemeinde gewählt. Kann kein Kandidat den hohen Ansprüchen des Amtes gerecht werden, so bleibt es vakant.

Innerhalb des Islam kann man die Ibaditen durchaus als Puritaner bezeichnen, was sich auch an der Architektur ihrer Moscheen zeigt. Mäßigung und Toleranz sind wesentliche Grundpfeiler ihrer Glaubensgrundsätze, ein ausschließlicher Wahrheitsanspruch wird abgelehnt.

Im Gegensatz zu den Wahabiten (in Saudi-Arabien) vertreten die Ibaditen die Meinung, dass sich die Interpretation des Koran an die wechselnden kulturellen und wissenschaftlichen Erkenntnisse anzupassen habe.

Neben Ibaditen leben in Oman noch Sunniten (vor allem in Dhufar) und Schiiten. Glaubensfreiheit ist ein garantiertes Recht.

Die Religion bestimmt in weiten Teilen das Leben der Bürger. Neben den fünf täglichen Gebeten, die jeder gläubige Muslim zu verrichten hat, richten sich auch die Öffnungszeiten von Geschäften und Ämtern nach religiösen Feiertagen und Richtlinien – ein Umstand, der bei der Reiseplanung beachtet werden sollte. Bei guter Vorbereitung kann eine Reise während des Ramadan, des muslimischen Fastenmonats, zu einem Erlebnis werden.

Feste

Ramadan

28 Tage lang ist es Muslimen verboten, zwischen Sonnenaufgang und -untergang zu essen, zu trinken oder zu rauchen. Ausnahmen gelten lediglich für Kinder unter zwölf Jahren, Schwangere und Kranke – doch sind sie angehalten, zumindest nicht in der Öffentlichkeit zu essen oder zu trinken. An diese Regel sollten sich auch Andersgläubige halten, denn jeder offene Verstoß gilt als grobe Verletzung der guten Sitten.

Während des Ramadan haben die Geschäfte und Ämter nur sehr eingeschränkt geöffnet, das öffentliche Leben wird weitgehend eingestellt, selbst das Eintreiben von Schulden ist dann verboten. Kaum aber geht die Sonne unter, dann gönnt man sich mit Freunden und Verwandten ein Festessen, man geht zusammen zur Moschee und verbringt viele Stunden beim Gespräch.

Der Fastenmonat Ramadan dient der Kommunikation und dem Teilen. So werden in dieser Zeit die Nachbarn zum Essen eingeladen und arme Mitglieder der Gemeinde mit großzügigen Geschenken bedacht.

Laila al-Miraj, die 27. Nacht gilt als jene, in der Mohammed die ersten Verse des Korans empfangen haben soll. Gebete an diesem Tag werden laut Überlieferung besonders sicher erhört.

Das Fest des Fastenbrechens – Id al-Fitr – nach dem Ramadan wird fröhlich begangen. Es ist eine schöne Sitte, die Kinder an diesem Tag zu beschenken.

Id-al-Adha

Das Opferfest oder »Große Id-Fest« beginnt am 9. Dhu-l-Hiddja, dem 12. Monat des islamischen Jahres, und dauert eine ganze Woche. Es dient der inneren Einkehr nach der Haj, der Pilgerfahrt nach Mekka. Jeder Muslim, der es sich finanziell leisten kann, ist verpflichtet, mindestens einmal im Leben diese Pilgerfahrt zu unternehmen.

Weitere Festtage

Neben dem Geburtstag des Propheten und dem islamischen Neujahr gibt es den Fastentag Ashoora. Er wird zum Gedenken daran gehalten, dass Gott an diesem Tag Adam und Eva, Himmel und Hölle erschaffen hat.

Die nationalen Feiertage – das sind in Oman der 18. und 19. November und in den Emiraten der 2. und 3. Dezember – sind nach dem gregorianischen Kalender festgelegt.

Gepumpter Reichtum

War es in der Antike der Weihrauch, dessen Export als eine Quelle scheinbar ewigen Reichtums die Entstehung einer Hochkultur begünstigte, so ist es heute das Erdöl, das die Menschen binnen einer Generation vom Mittelalter in die Neuzeit katapultierte. Die Rohöleinnahmen lösten den wohl größten Vermögenstransfer in der modernen Geschichte aus.

Die Wirtschaft der Vereinigten Arabischen Emirate und Omans ist nach wie vor stark vom »schwarzen Gold« abhängig. Das Emirat Sharjah lebt in erster Linie von Erdgasexporten, und 1984 begann zudem das Emirat Ras al-Khaimah mit der Förderung des fossilen Energieträgers, wenngleich in sehr bescheidenem Ausmaß.

Vereinigte Arabische Emirate

In den Emiraten macht sich langsam eine Abkehr vom Erdöl als dem Hauptfaktor für das Bruttoinlandsprodukt bemerkbar. Lag sein Beitrag Anfang der 1980er Jahre noch bei 60 % des Bruttoinlandsprodukts, so nahm er in den letzten Jahren auf rund 34 % ab. Das Wirtschaftswachstum wird nun mehr und mehr vom Handel und der regen Bautätigkeit getragen.

Auf den Handel setzt auch Dubai, denn seine Lagerstätten an fossilem Brennstoff sind nur allzu begrenzt. Die eingenommenen Gelder flossen in den Aufbau der weltgrößten Freihandelszone, eines neuen, leistungsfähigen Hafens und in die Bereitstellung einer Kommunikationsinfrastruktur. Der Erfolg gibt Dubai recht. Der Anteil der Erlöse aus Erdöl an den Staatseinnahmen geht kontinuierlich zurück.

Die Stadt baut ihre Stellung als überregionales Handelszentrum gezielt aus. Handel, Hotellerie und Restaurants tragen bereits 19,5 % zum BIP des Emirats bei, der Ölsektor nur noch 20,1 %, Transport und das Zwischenlagern von Waren sowie Kommunikation liegen mit 10,2 % an dritter Stelle. Dubai soll das Singapur des Arabischen Golfs werden, ein sauberes, supermodernes Handels- und Shoppingzentrum.

Sultanat Oman

Nur auf den ersten Blick ähnlich stellt sich die Situation in Oman dar. Die Abhängigkeit des Sultanats vom Export von Erdöl und -gas ist im Sultanat un-

Tankstelle in Khor Fakkan

gleich größer, er erbringt rund 75 % der Staatseinnahmen.

Laut einem Bericht des US-Magazins »National Geographic« reichen die Erdölvorkommen des Sultanats noch etwa 20 Jahre. Es sprach damit etwas aus, vor dem sich viele Einwohner fürchten, von dem viele eine Ahnung haben und was auf den ersten Blick nicht unbegründet erscheint: das Ende des sorglosen Lebens, finanziert durch den Erdölreichtum. Doch auf den zweiten Blick erkennt man, dass dieses Ende zum Glück nicht so schnell wie befürchtet zu nahen droht.

Erdgas und andere Wirtschaftszweige

Die planenden Stellen im Sultanat Oman sind sich der Situation durchaus bewusst und seit Jahren darum bemüht, weitere Energiequellen zu erschließen. Dabei wird vor allem auf Erdgas gesetzt, welches in noch größeren Mengen vorhanden ist.

Im Januar 2000 wurde bei Sur eine große Erdgasverflüssigungsanlage in Betrieb genommen, mit Korea bestehen bereits langfristige Verträge zur Abnahme omanischen Gases. Auf dem Gebiet der Erdölförderung soll durch den Einsatz neuer Fördertechniken (Vertikalbohrung) die Ausbeutung der bereits bekannten Vorkommen um etwa 30 % gesteigert werden können.

Darüber hinaus bemüht sich die Regierung, die Wirtschaft auch in anderen Bereichen anzukurbeln.

Die Regierung in Masqat hat seit 1970 mit dem gezielten Ausbau der Infrastruktur des Landes begonnen – die Verkehrswege, Luft- und Seehäfen und Kommunikationstechnologien genügen nun höchsten Anforderungen. Dank des hohen schulischen Ausbildungsniveaus der jüngeren Omanis kann das Sultanat potentiellen Investoren auch gut ausgebildete Arbeitskräfte bieten. Nun gilt es für die Zukunft, für die ausgebildeten Jugendlichen auch sichere Arbeitsplätze zu schaffen.

Die Omanis setzen vor allem auf ihre Lage am Indischen Ozean und ihre alten Handelskontakte nach Indien, Pakistan und Ostafrika. Geht es nach den Vorstellungen in den Ministerien, eröffnen Unternehmen aus der EU Dependancen in Masqat, um, das lokale Know-how nutzend, diese Länder von hier aus zu betreuen. Auch der Tourismus wird jetzt verstärkt als Einnahmequelle entdeckt.

Steckbrief

Oman

- **Fläche:** 309 500 km^2
- **Höchste Erhebung:** Jebel Shams (3009 m)
- **Hauptstadt:** Masqat
- **Bevölkerung:** 2,9 Millionen; 73 % Omanis, 27 % Gastarbeiter aus Indien, Pakistan, anderen arabischen Ländern, von den Philippinen sowie aus Europa und den USA
- **Bevölkerungsdichte:** 7,7 Einw./km^2
- **Bruttosozialprodukt:** 7830 US-$ pro Kopf
- **Bruttoinlandsprodukt:** 37,5 Mrd. US-$
- **Wichtigste Handelspartner:** VAE, Japan, GB, USA, BRD (Import); Japan, Republik Korea, Taiwan, Thailand, Singapur (Export)
- **Wichtigste Importgüter:** Maschinen- und Transportfahrzeuge, Nahrungs- und Genussmittel, Halbfertigprodukte und Fertigwaren
- **Wichtigste Exportgüter:** Erdöl, Erdgas, Fischerei- und landwirtschaftliche Produkte

Vereinigte Arabische Emirate

- **Fläche:** 85 000 km^2
- **Höchste Erhebung:** Jebel Hafit (1189 m)
- **Hauptstadt:** Abu Dhabi
- **Bevölkerung:** 3,8 Millionen; 20 % Einheimische, 80 % Gastarbeiter aus Indien, Pakistan, Philippinen, aus anderen arabischen Ländern sowie aus Europa und den USA
- **Bevölkerungsdichte:** 29,4 Einw./km^2
- **Bruttosozialprodukt:** 9206 US $ pro Kopf
- **Bruttoinlandsprodukt:** 57,7 Mrd. US-$ (1994)
- **Wichtigste Handelspartner:** Japan, GB, USA, BRD (Import); Japan, Singapur, Republik Korea, Indien, Iran (Export)
- **Wichtigste Importgüter:** Rohstoffe (außer Brennstoffe), Maschinen, Fahrzeuge, Bekleidung, Möbel, Nahrungsmittel
- **Wichtigste Exportgüter:** Erdöl, Flüssiggas, Schmiermittel, Aluminium, Bekleidung

Einzig und allein in Abu Dhabi steht die Sorge um das Ende der Erdölförderung nicht im Vordergrund. Das Emirat verfügt nach Saudi-Arabien und Kuwait über die größten Erdölreserven weltweit. Rund 10 % der Welterdölvorkommen lagern hier unter der Erdoberfläche; damit findet das Emirat für die nächsten 120 Jahre sein Auskommen.

Immer wichtiger werden die Erdgasressourcen, die zum einen in verflüssigter Form exportiert, zum anderen zur Ansiedlung energieintensiver Industrien verwendet werden. Ruhig wird denn auch die Entwicklung in den ehemaligen Sowjetrepubliken beobachtet, die nun daran gehen, ihr Erdöl auf den Weltmarkt zu bringen. Das Emirat hat Zeit, und wird etwas gebaut, dann eher, um mit den Cousins aus Dubai gleichzuziehen, als aus Notwendigkeit. Die Frage, wie lange die Vorräte reichen, ist hier keine – zumindest jetzt noch nicht.

Politik und Verwaltung

Oman und die VAE waren im Lauf der letzten 30 Jahre einer stürmischen Entwicklung ausgesetzt. Die durch die Stämme geprägten Gesellschaften wurden von heute auf morgen in das späte 20. Jh. katapultiert. Die damit verbundenen Anforderungen waren immens. Es versteht sich von selbst, dass eine Anpassung nicht in allen Bereichen gleichzeitig bewerkstelligt werden kann.

Sultanat Oman

Das Staatsoberhaupt Omans ist Sultan Qaboos bin Said Al-Said, ein absoluter Monarch. Die Minister seiner Regierung sind ihm direkt und nicht etwa einem Parlament verantwortlich. Gesetze und Verordnungen werden vom Sultan erlassen und gegebenenfalls wieder aufgehoben. Ihm zur Seite steht eine beratende Versammlung, die Majlis Ash-Shura, deren Mitglieder vom Volk direkt gewählt werden. Parteien oder Gewerkschaften sind im Sultanat unbekannt.

Das Sultanat ist in 59 Wilayate (Verwaltungsbezirke) unterteilt, an deren Spitze je ein Wali (Gouverneur) steht, der vom Sultan eingesetzt wird. Die Scheichs der Stämme, die in den jeweiligen Wilayaten leben, sind dem Wali gegenüber verantwortlich. Die Majlis Ash-Shura macht seit einigen Jahren eine beeindruckende Veränderung durch. Ursprünglich wurden ihre Mitglieder vom Sultan ernannt. 1990 konnten die Bewohner jedes Wilayats erstmals zwei Vertreter durch Wahl bestimmen, von denen der Sultan

Landesväter

Spricht man in den Emiraten und Oman über Politik, beschleicht westliche Besucher oft zumindest ein mulmiges Gefühl, denn beide Länder werden letztendlich von Monarchen regiert. In ihrer Person vereinigt sich ein Machtpotential, wie es in unserer Welt undenkbar ist. Bisweilen fällt sogar der – völlig deplatzierte – Begriff »Diktator«, doch wird dabei oft gern übersehen, dass diese Regierungsform aufgrund sozialer und geographischer Gegebenheiten ihre eigene Tradition und Geschichte hat und ein Vergleich zum Okzident dies außer Acht lässt.

Es wird mehr Demokratie gefordert, dabei basiert die Herrschaft von Sheikh Khalifa, Präsident der VAE, und Sultan Qaboos in Oman auf dem althergerbachten Prinzip

einen für die Versammlung auswählte. Unter Berücksichtigung der wachsenden Bevölkerung wurde die Anzahl in den letzten Jahren schrittweise erhöht, mittlerweile sind es 82. Im und um den Regierungsbezirk Masqat traten erstmals Frauen zur Wahl an. Zwei davon sind seither in der Majlis Ash-Shura vertreten. Zwar beschränken sich die Rechte der Majlis Ash-Shura auf die Ausarbeitung von Vorschlägen für die innere Entwicklung des Landes, die Prüfung verschiedener Vorhaben sowie Stellungnahmen zu Themen, die dann der Sultan nach eingehender Prüfung dem Ministerrat vorlegt, doch ist ihre wachsende Bedeutung nicht zu übersehen.

Seit 1996 besitzt das Sultanat Oman wie auch seine Nachbarstaaten

Sultan Qaboos

des Konsenses. In früheren Zeiten trafen sich die Familien eines Stammes in *sablas* (Versammlungsräumen), um die Dinge des Alltages zu besprechen. Es herrschte Meinungsfreiheit, und eine Entscheidung konnte erst fallen, wenn sie von allen einstimmig angenommen wurde. Kamen die Stammesoberhäupter z. B. zur Wahl eines Imam zusammen, herrschte das gleiche Prinzip wie in den Sablas. Der gewählte Imam, religiöser Führer, war nicht autark, sondern Gleicher unter Gleichen. Die Festungen Omans, von den Imamen erbaut, dienten in Zeiten der Not als Fluchtpunkt für die Bevölkerung, in den Innenhöfen gab es Stallungen und kleine Unterkünfte und versorgt wurden Sie aus den Lagern des Imam.

Interessant ist natürlich auch der Einfluss der Religion. Bei den Ibaditen Omans beispielsweise war nicht die genealogische Abkunft des religiösen Führers entscheidend, sondern seine religiöse Bildung und charakterlichen Eigenschaften. So war es theoretisch durchaus möglich – im Gegensatz zu anderen islamischen Gesellschaften – den Imam abzuwählen.

Scheich Zayed (gestorben 2004) und Sultan Qaboos hatten es in den 1970er Jahren vergleichsweise einfach, sich den Ruf »guter Landesväter« zu erwerben, standen Ihnen doch die Erdölmillionen zur Verfügung. Ihre Nachfolger werden es weitaus schwieriger haben, sich der Loyalität der Bevölkerung zu versichern, denn es gilt, den erworbenen Status unter wirtschaftlich sehr viel schwierigeren Bedingungen zu erhalten.

eine Verfassung (»Basic Law«), in der Rechte und Pflichten von Staat und Staatsbürgern umrissen werden. Dies gilt als weiterer Schritt hin zu einer demokratischen Entwicklung nach westlichem Muster.

Vereinigte Arabische Emirate

Die Verfassung Omans enthält auch Regelungen zur Nachfolge von Sultan Qaboos, während man in den VAE der Lösung der Nachfolgefrage mit Bangen entgegensieht. Die Emirate, ein Zusammenschluss von sieben Scheichtümern, bilden ein Mittelding aus Bundesstaat und Staatenbund, der alle fünf Jahre erneuert wird. Die Emire arbeiten im Rat der Herrscher zusammen, der die Funktion der Regierung ausübt.

Von der Gründung der VAE bis zu seinem Tod 2004 bekleidete der Emir von Abu Dhabi, Scheich Zayed bin Sultan Al-Nahyan, das Amt des Präsidenten. Er hielt die reale Macht in Händen, leben die meisten der kleineren Emirate doch von den finanziellen Zuwendungen Abu Dhabis. Zudem galt er als die alles verbindende Figur. Ob die Union der Emirate nach seinem Tod Bestand haben wird, muss die Zukunft zeigen.

Aussichten

Veränderungen sind nicht zu befürchten. Wie das Sultanat sind die Emirate Verbündete der westlichen Staaten, wenn es darum geht, den ungestörten Fluss von Erdöl durch die Straße von Hormuz zu gewährleisten. Den Emiraten ist bewusst, dass es besser ist, mit einer Stimme zu reden. Seit zwischen Israel und einigen seiner arabischen Nachbarn verhandelt wird, haben auch die beiden Länder mit Tel Aviv Kontakt aufgenommen; es geht hauptsächlich um wirtschaftliche Beziehungen.

Geschichte im Überblick

2500–1500 v. Chr. Kupferexport von Magan nach Mesopotamien, Dilmun und dem Indus-Becken; Dhufar unter der Herrschaft der Sabäer; Beginn des Schiffsbaus in Oman.
500 v. Chr.–400 n. Chr. Höhepunkt des Weihrauchexports von Dhufar aus nach Mesopotamien, Ägypten, Rom und Griechenland.
563 v. Chr. Kyros der Große bringt Nordoman unter persische Herrschaft.
1. Jh. n. Chr. Seehandelsbeziehungen nach Indien und Ostafrika.
630 Amr bin al-As islamisiert Oman.
633 Die Schlacht von Dibba (Emirat Fujairah) schließt die Islamisierung der Arabischen Halbinsel ab.
Um 660 Aufnahme des Seehandels mit China.
751 Wahl Julandi bin Masuds zum ersten ibadischen Imam.
1506–1508 Die Portugiesen erobern Masqat, Sohar, Qalhat und Quriyat sowie das Königreich von Hormuz.
1640–1649 Unter Imam Nasir bin Murshid werden die Portugiesen nach Masqat und Matrah zurückgedrängt. Die endgültige Vertreibung erfolgt 1650 unter Imam Sultan bin Saif. Aufbau einer neuen omanischen Flotte.
1650–1718 Ausbau der omanischen Seeherrschaft, Eroberungen und Kolonisation in Ostafrika, Indien und Persien.
1719–1744 Im Verlauf eines Bürgerkrieges besetzen Perser Teile Omans.
1744 Imam Ahmad bin Said besiegt die Perser und begründet die Al-Bu-Said-Dynastie.
Mitte 18. Jh. Die Stämme der Al-Qasimi und Bani Yas lassen sich an

der Küste der Emirate (»Piratenküste«) nieder und bedrohen die britische und die omanische Seefahrt.
1752 Aufteilung Ostafrikas in Interessensphären zwischen Oman und Portugal.
1805–1820 Britische Angriffe auf die Häfen der »Piratenküste«.
Bis 1828 Ausweitung der omanischen Seemacht im Indischen Ozean. Kolonien an der ostafrikanischen Küste, in Gwadar (Pakistan) und Bandar Abbas (Persien).
1824 Sultan Said bin Sultan verlegt seinen Regierungssitz von Masqat nach Sansibar.
1853 Großbritannien setzt per Vertrag einen Waffenstillstand zwischen den Emiraten sowie deren Stellung als britisches Protektorat durch. Die »Piratenküste« wird zur »Trucial Coast« (»Vertragsküste«).
1856 Tod Sultan Saids, Erbfolgestreit.
1861 Teilung in das Sultanat Sansibar und das Sultanat Oman.
1868–1959 Zweiteilung Omans, im Landesinneren herrscht der Imam, an der Küste der Sultan.
1869 Mit der Eröffnung des Suezkanals verlieren die Häfen Omans an Bedeutung.
1920 Durch den Vertrag von Seeb wird die Zweiteilung Omans zwischen Sultan und Imam bekräftigt.
1945–1947 Krieg zwischen Abu Dhabi und Dubai.
1952 Einrichtung eines gemeinsamen Rates der Scheichs der »Trucial Coast« unter britischem Vorsitz.
1952–1955 Buraimi-Konflikt zwischen Abu Dhabi, Oman und Saudi-Arabien, Eingreifen Großbritanniens.
1958 Erdölfunde in Abu Dhabi.
1959 Sultan Said bin Taimur schlägt mit britischer Hilfe den Jebel-Akhdar-Aufstand nieder.
1962 Abu Dhabi exportiert das erste Öl.
1965–1975 Aufstand in Dhufar.
1967 Erste Erdölexporte aus Oman.
1968 Großbritannien will sich aus den Emiraten zurückzuziehen; Verhandlungen über die Etablierung eines Bundes, der auch Qatar und Bahrain einschließen soll.
1970 Machtübernahme durch Sultan Qaboos bin Said in Oman.
1971 Oman wird Vollmitglied der UNO. Die sechs Emirate Abu Dhabi, Dubai, Sharjah, Ajman, Fujairah und Umm al-Quwain vereinigen sich in einer unabhängigen Föderation, 1972 tritt auch Ras al-Khaimah bei.
1979 Nach dem Friedensschluss von Camp David (1978) bricht Oman als einziges arabisches Land neben Sudan seine diplomatischen Beziehungen zu Ägypten nicht ab.
1981 Die Vereinigten Arabischen Emirate und Oman beteiligen sich an der Gründung des Golfrates.
1990 Grenzabkommen zwischen Saudi-Arabien und Oman.
1990–1991 Im Zuge des zweiten Golfkrieges stellen die VAE und Oman Truppen zur Verteidigung Saudi-Arabiens und der Rückeroberung Kuwaits zur Verfügung. In beiden Ländern werden alliierte Truppen stationiert.
1995 Die VAE schließen mit Frankreich und Großbritannien militärische Beistandspakte ab.
2004 Im November stirbt Scheich Zayed, erster Präsident der VAE. Nachfolger wird sein Sohn, Scheich Khalifa.

Kultur gestern und heute

Architektur

Zwar entwickelten sich in Oman und den VAE bereits früh Kulturen, doch im Gegensatz zu anderen Ländern ist aus dieser Zeit wenig erhalten. Nur die runden Grabbauten der Umm-an-Nar-Kultur sowie die Ruinenfelder von Sammaram, Ubar, Al-Baleed und Qalhat haben als stumme Zeugen die Zeiten überdauert.

Die eindrucksvollsten – und auch für die heutige Architektur wichtigsten – Bauten sind die Festungen Omans. Rund 500 gibt es von ihnen, die sich durch ihre glatten Lehmmauern, ihre rötlich gelbe Färbung und den weitgehenden Verzicht auf schmückendes Beiwerk auszeichnen. Festung ist dabei nicht gleich Festung, eine Unterscheidung in Paläste, wie jene von Jabrin oder Bait Na'aman, und Burgen, wie jene von Rostaq oder Nizwa, ist sinnvoll.

Die Paläste wurden im Inneren äußerst prächtig ausgestattet, Schnitzereien, Deckenmalereien, Ornamente und Stuckaturen verleihen ihnen eine sinnenfrohe Atmosphäre. Die Burgen hingegen waren einzig und allein auf Schutz und Abwehr angelegt, spielerische Elemente fehlen deshalb fast ganz.

Weder Oman noch die VAE haben einen eigenen Moscheestil hervorgebracht. Die Gebetshäuser waren einfache Lehmbauten. Heute greifen Architekten beider Länder beim Bau einer neuen Moschee auf die historischen Stilelemente Persiens oder der Türkei zurück.

Beim Bau von Wohnhäusern achtete man darauf, dass sie sowohl Schutz vor der Hitze als auch vor etwaigen

Blickfang vor blauem Himmel: Moschee in al-Khuwair

kriegerischen Auseinandersetzungen boten: Dicke Mauern, schießschartenähnliche Fenster im Erdgeschoss, größere nur in den oberen Räumen, um einen kühlenden Luftzug er ermöglichen.

In Dubai ist eine andere, heute außer Gebrauch gekommene Version der natürlichen Klimaanlage zu sehen. Hier wurden Windtürme errichtet, in deren Inneres feuchte Tücher gehängt wurden, die den Wind abkühlten.

Ob Alt- oder Neubau, der Grundriss ist meist der gleiche. In der Regel liegt beim Eingang ein separater Raum, der als Wohn- und Empfangszimmer dient. Wer auch immer zu Besuch kommt, hier wird er bewirtet, hier verbringt er seine Zeit. Die dahinter liegenden Räume im Erdgeschoss, Küche und Badezimmer, bekommt er nicht zu sehen, ebenso wenig die Schlaf- und Kinderzimmer. Verwandten und sehr guten Freunden bleibt es vorbehalten, tiefer in das Haus vorzudringen.

Ein Prachtstück omanischer Silberschmiedekunst

Kleidung

Nach wie vor kleiden sich Männer und Frauen in beiden Ländern traditionell, mehr noch, es ist ein garantiertes Vorrecht. Denn Ausländern ist es in Oman verboten, in der Öffentlichkeit eine *dishdasha* zu tragen. Dabei handelt es sich um eine lange Tunika, die in Oman zusätzlich mit einer Kordel verziert ist.

Während in den Emiraten die Dishdasha meist rein weiß ist, tragen die Omanis verschiedene Farben. In den Emiraten bedecken Männer ihr Haupt mit der *keffiyeh* (großes weißes Tuch, festgehalten von einer schwarzen Kordel), in Oman wird ein *massaar* (Tuch) oder eine bestickte *kumma* (Kappe) getragen. Bei festlichen oder offiziellen Anlässen gürten sich die Männer und tragen einen *khanjar* (Krummdolch).

In beiden Ländern tragen viele Frauen auch heute noch in der Öffentlichkeit die *abaya,* einen dünnen schwarzen Umhang. Bei den Beduinen hat die *burqa* ihren Ursprung, eine teilweise sehr dekorative Maske, die Nase und Mund bedeckt. In den ländlichen Gebieten hüllen sich die Frauen in farbige Stoffe, sie tragen dort eine bestickte Röhrenhose *(sirwal)* und darüber eine bis an das Knie

Eine Fundgrube für Schmuckfans: der Silbermarkt von Nizwa

reichende bunte Dishdasha. Und um den Kopf schlingen sie ein Tuch, das Haar und Hals schützen soll. Frauen aus Dhufar wiederum bevorzugen schwere Samtstoffe.

Kunsthandwerk

Schmuck besitzt zweierlei Bedeutung. Zum einen dient er als Amulett gegen böse Blicke oder Verwünschungen, zum anderen der finanziellen Absicherung der Frau nach einer Scheidung oder dem Tode des Ehemannes. Es ist Tradition, dass der Bräutigam der Braut bei der Hochzeit neuen Silberschmuck reicht. Kaum zu finden sind »antike« Stücke; Schmuck wurde nicht wieder verschenkt, sondern eingeschmolzen, um neuen anzufertigen.

Weit verbreitet ist der österreichische Maria-Theresien-Taler, der in viele Schmuckstücke eingearbeitet wurde und bis 1968 omanische Währung war. Da Silber preisgünstiger war als Gold, konzentrierten sich die Schmiede darauf, aus dem Edelmetall schöne Stücke zu produzieren. Die berühmtesten Silberschmiede gab es in Nizwa, nach wie vor profitiert die Stadt von diesem Ruf. Allerdings sind die schönen Stücke hier teurer als etwa im Suq von Matrah.

Heute erwerben die Menschen lieber Gold, das zwar nach denselben Richtlinien bearbeitet wird, aber nicht dieselben Oxidationseigenschaften wie Silber aufweist und daher stets neu wirkt. Viel Aufmerksamkeit wird zudem dem Schmieden der Dolche und Schwerter gewidmet. Nach wie vor werden kleine, mit Schnitzerei und Beschlägen versehene Holztruhen hergestellt, die früher Männer ihren Bräuten zum Aufbewahren von Schmuck schenkten. Bahla, das mit Ton reich gesegnet ist, entwickelte sich zu einem Zentrum der Töpferei. Noch heute kann man Töpfern bei der Fertigung von Schalen, Töpfen, Weihrauchbrennern und Vasen zuschauen.

Musik und Tanz

Einzigartig sind die Hochzeitstänze, die mit viel Temperament von den Frauen aufgeführt werden. Doch wird man kaum die Gelegenheit haben, dies zu erleben.

Gute Chancen, traditionelle Musik und Tänze zu erleben bieten die großen Veranstaltungen anlässlich der Nationalfeiertage. Als reine Touristenveranstaltung werden solche Erlebnisse nicht geboten. Und die Bauchtänze, die in den Emiraten überall angepriesen werden, sind für dieses Eck der Welt so typisch wie ein Schottenrock für Bayern.

Essen und Trinken

In Oman zum Essen eingeladen zu sein, heißt, sich auf eine Entdeckungsreise zu begeben. Man sollte viel Zeit mitbringen, denn Gespräch und gemeinsames Essen ziehen sich über Stunden hin.

Beim Gastgeber

Der Hausherr bittet die Gäste in den Empfangsraum, wo sich diese auf den mit Teppichen ausgelegten Boden niederlassen und sich ein, zwei Kissen zur Stütze zurechtlegen.

Als Vorspeise bietet der Gastgeber meist frisches, in kleine Stücke geschnittenes Obst an. Ein Glas Wasser oder Saft, vielleicht auch noch Datteln werden zu Beginn eines Essens gereicht. Dann waschen sich die Anwesenden die Hände.

Als erstes wird dann eine große Platte Reis, gewürzt mit Nelken, Kardamom oder Zimt, aufgetragen, um die sich die Anwesenden gruppieren. In kleineren Schüsseln, aus denen sich jeder selbst bedient, wird Huhn, Fisch – oftmals in Kokosmilch – oder speziell zubereitetes Lamm gereicht (s. S. 31). Salat wird auf kleinen Extratellern serviert.

Ausschließlich mit der rechten Hand – die linke gilt als unrein – werden nun aus Reis, Fisch oder Fleisch kleine Bällchen geformt und zum Mund geführt.

Spätestens jetzt, auf dem Boden sitzend, bemüht, seine Fußflächen keinem der Anwesenden zu zeigen (dies gilt als grobe Beleidigung) und die fremden Gewürze schmeckend, wird das Mahl zu einem exotischen Erlebnis. Dazu tragen Zutaten wie Kokosmilch, Kardamom, getrocknete

Limonen, omanischer Curry oder gar Bizar (eine Gewürzmischung) bei. Mit einer Waschung und Parfümierung der Hände mit Rosenwasser wird der zweite Akt beschlossen. Danach lässt man sich wieder nieder, nimmt noch zwei bis drei Tassen Kaffee (stets mit Kardamom, manchmal sogar mit Rosenwasser oder Safran veredelt) oder Tee (mit Milch, Zucker und Gewürzen) sowie Datteln und Obst zu sich, und verabschiedet sich nach kurzer Zeit vom Gastgeber.

Eine Verdauungszigarette anzuzünden wäre ein Fauxpas!

Kulinarische Vielfalt

Die Küche Omans ist nicht landestypisch, sie ist vielmehr die Summe indischer, indonesischer und ostafrikanischer Einflüsse sowie traditioneller beduinischer Rezepturen und Neuerungen durch die vielen Gastarbeiter aus Asien und Europa.

Generell baut die omanische Küche auf Datteln, Reis, Huhn, Fisch und Lamm auf. Andere Spezialitäten sind zwar nicht unbekannt, aber in der Zubereitung so kompliziert, dass sie nur zu festlichen Anlässen aufgetischt werden.

Da wäre zum Beispiel *shoowa,* ein mit Dattelbrei und Bizar gewürztes, in Bananenblätter und einen Palmblättersack gewickeltes Lamm, das in ein Erdloch gelegt wird, in dem ein kräftiges Feuer brennt. Dann wird alles dicht abgedeckt, damit das Feuer erlischt, die Hitze aber bestehen bleibt. Auf diese Weise wird die Köstlichkeit gut 24 Stunden lang gegart. 72 Stunden dauert es, bis statt eines Lamms ein Kamel gegart ist. Extravaganzen dieser Art werden lediglich zu den Id-Festen zubereitet.

Das sieht appetitlich aus: typischer Shawarma-Stand

Als Tourist und Geschäftsreisender kommt man leider relativ selten in den Genuss eines original omanischen Essens. In der überwiegenden Mehrzahl der Hotels und Restaurants des Landes haben vor allem indische, europäische und chinesische Köche das Sagen.

In Oman bieten verschiedene Hotels die Möglichkeit an, die durchaus raffinierte Vielfalt der traditionellen Küche kennen zu lernen. Eine gute Adresse dafür ist etwa das Al-Bustan-Palace-Hotel (s. S. 42). Die Nahar Tourism Oasis in Ibra bereitet bei ausreichender Gästezahl sogar *shoowa* zu; zu diesem Schmaus müssen Sie sich aber zwei Tage vorher anmelden (Tel. 938 76 54).

In den **Bin-Atique** Restaurants in Masqat, Salalah und Nizwa können Sie ebenfalls original omanisch speisen.

Eine Spezialität der VAE ist *kabsa,* ein mit Reis, Mandeln und Gewürzen gefülltes Schaf. Die Frage nach lokalen Spezialitäten der einzelnen Emirate wird meistens mit einem bedauernden Achselzucken beantwortet.

Großen Zuspruchs erfreuen sich die kleinen Restaurants mit indischer Küche. Es lohnt sich, hier einfach eines der angebotenen Standardgerichte wie Salat, Tagessuppe, *biryani* (Reis mit gekochtem Gemüse sowie Huhn, Lamm oder Fisch) zu probieren. Wen es nach Fisch gelüstet, der ist hier richtig. Die fischreichen Küstengewässer versorgen viele Lokale mit frischem Schuppen- und Schalengetier, das meist auf thailändische Art zubereitet wird. Eine andere Möglichkeit, den Hunger auf angenehme Weise zu stillen, bieten die unzähligen Shawarma-Stände, die geröstetes Lamm- oder Hühnerfleisch *(kebab)* mit oder ohne Pita-Brot zubereiten.

Lebensmittelkontrollen

Im Sultanat Oman herrschen strenge Kontrollen hinsichtlich der Hygiene. Ohne Bedenken kann man in kleinen Restaurants auch unterwegs den frisch zubereiteten Salat genießen.

Säfte und Halwa

Frisch gepresste Fruchtsäfte werden an vielen Straßenständen angeboten. Typisch für Salalah sind frische Kokosmilch und Zuckerrohrsaft.

Großen Zuspruchs erfreut sich die Nationalspeise *halwa,* ein extrem süßer Magenschließer, der aus Butterschmalz, karamellisiertem Zucker, Stärke, Kardamom und Safran in fast jedem größeren Ort Omans gekocht und zum Verkauf angeboten wird.

Urlaub aktiv

Dhaufahrten

Das **Al-Inshirah-Restaurant** in Masqat bietet Fahrten in einer traditionellen Holz-Dhau inkl. Abendessen: Tel. 71 30 61. Whale Watching: **Arabian Sea Safaris,** Tel. 69 32 23.

Trekking

Wer das Hajar-Gebirge bereisen möchte, sollte von Deutschland aus eine Trekkingreise buchen, denn es gibt keine ausgewiesenen Wanderwege oder entsprechende Literatur. Verschiedene deutsche Veranstalter bieten Trekkingreisen sowohl im Massiv des Jebel-Akhdar als auch im östlichen Hajar-Gebirge an. Bei diesen Touren wird das Gepäck von Eseln getragen und einheimische Führer kennen den Weg. Veranstalter Östl. Hajar: **Nomad Reisen** (s. Special S. 7 und Kamelreiten S. 33), Jebel Akhdar: **Bedu Expeditionen** (Tel. 0 89/62 43 97 91). Touren durch das Hajar-Gebirge bietet auch **Mark Rent A Car** in Masqat, (Tel. 56 24 44, 945 89 28, mark@omantel.net.om).

Dune-Driving

Geländewagentouren durch Sanddünen sind ein Wüstenabenteuer der modernen Art. An die Chauffeure dieser Wagen werden dabei höchste Anforderungen gestellt. Deshalb sollten diese Ausflüge nur mit einem wüstenerfahrenen und ortskundigen Begleiter unternommen werden.

- **United Tours,** Masqat, Tel. 78 74 48, utours@omantel.net.om

- **Al-Sawsan Tour,** Masqat, Tel. 68 56 37, sma1190@omantel.net.com
- **Bahwan Tours,** Masqat, Tel. 70 67 98, btatours@omantel.net.com
- **Nomad Reisen,** Köln, Tel. 02 21/ 27 22 09 10, www.nomad-reisen.de

Golf

Dubais Rasengolfplätze zählen zu den besten der Welt. Eine der ersten Anlagen inmitten der Wüste war der **Emirates Golf Club** am Stadtrand von Dubai. Höchsten Ansprüchen genügt auch der **Dubai Creek Golf & Yacht Club,** unweit des Stadtzentrums am Ufer des Creek (beide Tel. 04/3 47 52 05, www.dubaigolf.com).

Auch in Oman müssen passionierte Golfer nicht auf ihr Vergnügen verzichten. Der **Ghala Wentworth Golf Club,** Wadi Baushar, Tel. 59 12 48, heißt Gäste willkommen, hat allerdings nur einen Sandparcours.

Sand-Skifahren

In der Wüste der VAE kann man mit speziellen Skiern oder Snowboards in den hohen Sanddünen von Liwa oder in den Sanddünen bei Al-Ain wedeln. Die Ausrüstung können Sie sich ausleihen. Achtung: Die Beinmuskulatur wird stark gefordert. **Arabian Adventures,** Dubai (s. rechts).

Kamelreiten

Auf einem Kamel reitend die Wüste zu durchqueren, ist nach wie vor die schönste Art, das Trockengebiet kennen zu lernen. Die Kamelsafaris werden häufig mit einem arabischen Barbecue in der Wüste beendet.

Dubai Creek Golf & Yacht Club

Besonders empfehlenswert ist **Nomadic Adventures & Tours,** Bidiya (Fujairah), Tel. 9 33 62 73, www.nomadicdesertcamp.com. Mehrtägige Kamelsafaris in der Wahiba-Wüste bietet **Nomad Reisen** in Köln (Tel. 02 21/ 27 22 09 10, www.nomad-reisen.de).

Wadibashing

Die Fahrt mit dem Geländewagen ist aufregend. Die Fahrzeuge können mit oder ohne Fahrer gemietet werden. Bevor man sich in die Wadis begibt, sind wichtige Punkte zu bedenken: gutes Kartenmaterial, in dem ein genaues Bild der Wadis gezeichnet wird, ist nicht erhältlich; den Wetterbericht sollte man aufmerksam verfolgen, denn bei Niederschlägen verwandeln sich die Wadis blitzschnell in tödliche Fallen.

Sehr gute Routenbeschreibungen bietet die Reiseführer **Off-Road in Oman** und **Off-Road in the UAE** die in Hotels und Family Bookshops erhältlich sind.

- **Arabian Adventures,** Dubai, Tel. 04/3 43 99 66, arabianadventures@emirates.net.ae
- **Bahwan Tours,** Masqat, s. Dune-Driving, S. 32.

Sheraton-Hotel in Abu Dhabi

Wassersport

Wer in glasklarem Wasser gerne badet, segelt, Wasserski fährt oder surft, findet in Oman und den VAE ausgezeichnete Bedingungen vor. Sportklubs und Hotels mit Privatstränden bieten Wasserski- und Surfunterricht (mit Verleih). Tauchern und Unterwasserfotografen bietet sich in der Tiefe eine faszinierende Welt aus Korallen und farbenprächtigen Fischen. Tauchausrüstung kann bei Bedarf ausgeliehen werden. Da die Gewässer zu den saubersten der Welt zählen, sind Erlebnisse möglich, die andernorts bereits der Vergangenheit angehören.

i **Sea Arabia,** Dubai, Tel. 04/332 95 64.
▮ **Scubatec Diving Centre,** Dubai, Tel. 04/334 89 88, scubatec@emirates.net.ae
▮ **Marina Bandar ar-Rowdha,** Masqat, Tel. 73 72 88
▮ **Musandam Sea Adventure Tourism,** Musandam, Tel. 934 63 21, www.musandam-sea-adventures.com
▮ **Oman Dive Center,** Tel. 9 34 00 96, www.diveoman.com.om
▮ **Eihab Travels,** Masqat, Tel. 79 63 87, eihabtra@omantel.net.om

Unterkunft

In Oman

Im Sultanat Oman hat der Gast die Qual der Wahl nur im Großraum Masqat, denn hier haben in den letzten Jahren mehrere internationale Hotels ihre Dependancen eröffnet.

Es sind vor allem Viersterne-, First- und Luxus-Class-Hotels. Ein Prunkstück ist das mehrfach ausgezeichnete Al-Bustan-Palace Hotel mit seiner wundervollen Bucht; mit dem extravaganten Grand Hyatt in Qurum hat es nun ernst zu nehmende Konkurrenz bekommen.

Wer für Übernachtungen nicht so viel Geld ausgeben möchte, sollte eines der internationalen Hotels an der Strecke zwischen dem Flughafen Seeb und Masqat aufsuchen. In Matrah hat man die Auswahl zwischen ein paar Zwei- und Dreisternehotels, deren Zimmerpreise auch schmaleren Geldbörsen gerecht werden.

Auch im Landesinneren hat sich viel getan; durch rege Bautätigkeit wurden Übernachtungsengpässe in den größeren Städten beseitigt. Die Preise sind jedoch nicht mit Billigreiseländern zu vergleichen. Auf der Strecke zwischen Masqat und Salalah befinden sich einige relativ preisgünstige Rasthäuser *(Rest Houses)*.

In der Hauptreisezeit von November bis März empfiehlt es sich, das Wunschhotel im Voraus zu reservieren, da man andernfalls möglicherweise auf etwas abgelegenere Quartiere ausweichen muss. Und deren Preise sind nicht viel günstiger als die der zentraler gelegenen. In Salalah selbst sind die Hotels sehr stark auf Geschäftsreisende ausgerichtet. Abgesehen vom »Crowne

Plaza«, dem »Hilton« und den »Beach Villas« liegt kein Hotel am Strand.

Camping

Wer sich mit dem Geländewagen auf Erkundungsreise begibt, muss zum Campen gerüstet sein. Offizielle Campingplätze gibt es allerdings noch nicht. Beim Übernachten im Freien oder im Zelt gilt es, einige Punkte zu beachten: Man sollte jeweils ein gutes Stück abseits von Straßen, Pisten und Dörfern campieren, Feuerholz mitbringen und jeglichen Abfall wieder mitnehmen. Ein denkbar schlechter Ort zum Campen sind Wadis. Bei Regen kann es zu Flutwellen kommen, die erbarmungslos alles mitreißen, was sich ihnen in den Weg stellt.

Es empfiehlt sich, beim Campen die nähere Umgebung genauer in Augenschein zu nehmen. Sind Teiche oder stehende Gewässer in der Nähe, so ist mit Stechmücken und Moskitos zu rechnen. Am Strand muss man oberhalb der Flutlinie und am besten im Schutz einer Sanddüne oder eines Felsens zelten.

In den Emiraten

Das Gros des Angebots konzentriert sich auf Abu Dhabi, Dubai und Sharjah. In den Wirtschaftszentren Abu Dhabi und Dubai steht dem Reisenden eine große Zahl erstklassiger Hotels zur Auswahl. Klassische Strandhotels sind das »Inter-Conti« in Abu Dhabi oder das »Jebel Ali« in Dubai. Absoluter Höhepunkt ist das »Burj al-Arab« – Turm der Araber. Das einzige Siebensternehaus steht auf einer künstlich aufgeschütteten Insel, hat nur Suiten, ein Restaurant in 200 m Höhe, ein weiteres prunkt mit einem großem Aquarium.

Reisewege und Verkehrsmittel

Anreise

Mit dem Flugzeug

Mehrere Fluggesellschaften bieten ab Frankfurt/Main, Zürich und Wien Linienflüge nach Masqat, Abu Dhabi, Dubai und Sharjah an. Ein Direktflug dauert um die 9 Stunden.

Beim Rückflug aus Oman wird eine Ausreisesteuer von 5 RO pro Person erhoben, falls sie nicht im Ticket enthalten ist (bei der Ausreise auf dem Landweg beträgt sie 2 RO). Die Ausreisesteuer in den VAE (20 Dh pro Person, egal ob Flughafen oder über Land, ist in Landeswährung zu entrichten.

Reisen in Oman und den VAE

Mit dem Flugzeug

Oman Air bietet ab Masqat Flüge nach Salalah, auf die Halbinsel Musandam (Flughafen in Khasab) und auf die Insel Masirah. Flugbuchung in jedem Reisebüro oder im Büro der **Oman Air** (Masquat-Ruwi, Tel. 707222, www.omanair.com).

Sowohl für den Heim- oder Weiterflug als auch bei Inlandsflügen empfiehlt sich eine Flugrückbestätigung.

Die Flughäfen der VAE sind wegen der geringen Entfernungen nicht per Flug verbunden. Lediglich ab Dubai bietet Emirat Link einen Service per Wasserflugzeug nach Abu Dhabi und seit neuestem auch nach Fujairah an.

Mit dem Bus

Alle größeren Orte in Oman sowie Dubai werden von Bussen angesteuert. Expressbusse fahren täglich von

Taxifahrer mit ihren weißen Fahrzeugen warten auf Kundschaft

Mit unvorhergesehenen Verkehrshindernissen ist jederzeit zu rechnen

Masqat nach Salalah, Sur, Sohar und Nizwa, außerdem nach Abu Dhabi und Dubai. Fahrpläne und -preise hängen an der Buszentrale aus: **Oman National Transport Company,** Masqat-Ruwi (Tel. 70 85 22, www.ontcoman.com).

In den VAE ist wegen der fehlenden Flüge der Bus die einzige Reisemöglichkeit. Busverbindungen gibt es von Dubai nach Abu Dhabi, Al-Ain und Masqat sowie zwischen Abu Dhabi und Al-Ain. (Verbindungen ab Dubai: www.dubaitransport.gov.ae oder gebührenfrei unter Tel. 800-4825, ab Abu Dhabi: Tel. 02/443 15 00.)

Mit dem Taxi

In den Städten Omans sind ausreichend Taxen unterwegs, die per Handzeichen angehalten werden können. Vergleichsweise teuer sind Taxen in Masqat. Abgesehen von den Festpreise für die Fahrten vom Flughafen zum Hotels muss gehandelt werden. Seit Ende 1998 gibt es auch einen Taxiruf mit 24-Stunden-Service. **Hello-Taxi,** Tel. 60 70 11 oder 60 70 12. Als günstige Alternative bieten sich in Masqat fahrten mit dem 12-sitzigen Minibustaxi an. Eine Fahrt quer durch Masqat kostet nur um die 400 Baiza. Sie fahren allerdings nur an festen Routen entlang der Hauptstraßen: Wer aussteigen will, klopft kurz vor dem Ziel laut von innen gegen das Autodach. Sammeltaxen verbinden auch die großen Städte des Landes. Sie haben keine fixen Fahrzeiten, sondern starten, sobald der Wagen voll ist. Sammelplätze in Masqat gibt es am Flughafen Seeb, vor den großen Hotels, in Ruwi, beim Fischmarkt und am oberen Ausgang des Suqs von Matrah.

Auch in den Emiraten verbinden Sammeltaxis die größeren Ort miteinander. In Dubai befinden sich die Taxibahnhöfe in Bur-Dubai (nach Sharjah) und in Deira (nach Abu Dhabi). In den Städten ist man auf Taxis angewiesen, da ein öffentliches Verkehrsnetz unbekannt ist. Nehmen Sie ein Fahrzeug mit Taxameter, und Sie ersparen sich langwierige Preisverhandlungen. Bei Nachtfahrten und an Feiertagen muss man Zuschläge bezahlen.

Manche Taxifahrer sprechen kaum Englisch – falls die Kommunikation gar nicht klappt, sollten Sie ein anderes Taxi anhalten.

Mit dem Mietwagen

Sowohl in Oman als auch in den VAE ist das Straßennetz gut ausgebaut. Wer das Land auf eigene Faust kennen lernen möchte, ist mit einem Mietwagen gut bedient.

Sie brauchen Ihren nationalen und einen internationalen Führerschein. In

Eine Augenweide: die Abflughalle des Flughafens von Abu Dhabi

Oman müssen Sie 18 sein, wenn Sie ein Fahrzeug mieten wollen, in den VAE gilt für einen Pkw ein Mindestalter von 21 Jahren, beim Geländewagen von 25 Jahren.

Limousinen oder Geländewagen können tage- oder wochenweise gemietet werden. Die meisten der bekannten Firmen sind direkt in den großen Hotels oder an den internationalen Flughäfen vertreten. Ein Geländewagen kostet pro Woche um 750 Euro, ein Mittelklassewagen um 260 Euro. Ratsam ist, eine internationale Zusatzversicherung (collision damage waiver, Eigenbeteiligung ca. 100 Euro) abzuschließen, die mit 4 bis 7 Euro pro Tag zu Buche schlägt.

Bei Überlandfahrten muss der Öl und Wasserstand vom Mieter täglich überprüft werden. Versäumt er dies und resultiert daraus ein Motorschaden, haftet der Mieter und muss mit einer Selbstbeteiligung von rund 1000 € rechnen.

In Oman und den VAE wird rechts gefahren. Es besteht Anschnallpflicht vorn und hinten. Alkohol am Steuer ist absolut verboten. Die Höchstgeschwindigkeit beträgt in Oman auf Überlandstraßen 120 km/h, in Ortschaften und an gefährlichen Streckenabschnitten (Wadiquerungen) 40 km/h. In den Vereinigten Arabischen Emiraten dürfen Sie auf Autobahnen höchstens 100 km/h, in Ortschaften 60 km/h fahren.

Die Einhaltung der Geschwindigkeitsbeschränkungen wird streng überwacht, Übertretungen werden mit hohen Strafen geahndet – Ausreden gibt es nicht, denn in jedem Wagen ertönt ein akkustisches Warnsignal ab einer Geschwindigkeit von 120 km/h!

Besondere Vorsicht ist beim Queren von Flussbetten angebracht. In diesem Bereich sind mehrere runde, oben rot, unten weiß gefärbte Stahlpfosten entlang der Straße installiert. Solange die weiße Markierung sichtbar ist, kann die Stelle gefahrlos passiert werden. Reicht das Wasser bis in den roten Bereich, ist die Weiterfahrt aufgrund der starken Strömungsgeschwindigkeit lebensgefährlich und man sollte umkehren.

Kamele sind eine weitere Gefahrenquelle. Der Fahrer muss damit rechnen, dass sie plötzlich auf die Straße laufen. Omanis betätigen zur Warnung anderer Fahrer die Lichthupe oder die Warnblinkanlage.

Schotterstraßen und Pisten sollten ohne Geländewagen oder ortskundigen Führer auf keinen Fall befahren werden. Entfernen Sie sich bei Pannen und Unfällen keinesfalls vom Wagen! Selbst in den abgelegensten Gegenden finden die Einheimischen den gestrandeten Touristen viel schneller als er sie. Jeder Unfall muss bei der Polizei gemeldet werden.

!! Werfen Sie bei der Wagenübernahme (besonders bei Geländewagen) einen Blick auf die Reifen, denn jeder Schaden muss von Ihnen ersetzt werden – und Reifen sind teuer. Lassen Sie sich gegebenenfalls neue oder bessere Reifen aufziehen.

Karte Seite 41

*Masqat

Vom Gewürzkontor zur modernen Musterstadt

Bis 1970 war Masqat, das – umgeben von Bergen – in einer malerischen Bucht liegt, die Hauptstadt eines verschlossenen, weltabgewandten Sultanats. Die Stadttore wurden bei Sonnenuntergang geschlossen, so, als wäre die Zeit im Mittelalter stehen geblieben. Mit der Machtübernahme des heutigen Sultans änderte sich nicht nur die gesellschaftliche, wirtschaftliche und politische Situation radikal, sondern auch Masqat. Der neue Herrscher, ganz und gar der Modernisierung seines Landes verschrieben, sorgte dafür, dass der Großteil der alten Häuser – die ihm als Zeugnisse der Rückständigkeit erschienen – abgerissen wurde. Das moderne Masqat ist ein ruhiger Palast- und Regierungsbezirk. Wo einst vor den Toren der Stadt sich nichts als Halbwüste ausbreitete, pulsiert heute Leben: Und die »Capital Area« gilt in der gesamten arabischen Welt als ein Musterbeispiel moderner Stadtplanung.

Geschichte

Im 9. Jh. wird Masqat erstmals als Hafenstadt erwähnt. Um 1490 hob der omanische Navigator Ahmad bin Madjid die Bedeutung des windgeschützten und stets mit Trinkwasser versorgten See- und Handelshafens hervor, von dem aus die Schiffe nach China und Indien in See stachen. Angetan von den Vorzügen ihrer Lage, unterwarf der portugiesische Admiral Afonso de Albuquerque die Hafenstadt im Jahr 1507. Doch weder Berge noch die portugiesischen Befestigungsanlagen Mirani und Jalali konnten verhindern, dass die Truppen des Imam Nasir bin Murshid die Herrschaft der Europäer bereits 1650 beendeten.

Oman expandierte wieder, der Aufstieg der Stadt war nicht mehr zu bremsen. Von Masqat aus kontrollierten die Omanis fast den gesamten Schiffsverkehr auf dem Indischen Ozean. 1779 wurde es Hauptstadt des Landes. Die Anwesenheit der Herrscher führte zu reger Bautätigkeit, repräsentative Gebäude entstanden, dem Palast mussten einige portugiesische Herrensitze weichen. Masqat war das Machtzentrum des Landes.

Nach dem Verlust Sansibars, der Flotte und dem Aufkommen der Dampfschiffe verlor die Stadt wichtige Funktionen und verfiel in einen über 100 Jahre währenden Dornröschenschlaf, aus dem sie erst unter Sultan Qaboos wieder erwachte.

Handelsposten Sansibar

Die Ostküste Afrikas war seit dem 10./11. Jh. nicht nur ein wichtiger omanischer Handelsposten, viele Omanis flohen auf die sichere Insel Sansibar, wenn es im Heimatland kriegerische Auseinanderstetzungen zwischen den Stämmen gab. Viele heirateten Afrikanerinnen, die sie später mit in die Heimat nahmen. Von 1820 bis zu seinem Tod 1856 verlegte Sayyed Said bin Sultan den Regierungssitz sogar von Masqat auf die afrikanische Insel. Die von ihm angelegten Gewürznelkenplantagen und der Sklavenhandel machten die Insel sehr wohlhabend.

Karte Seite 41

Masqat mit seiner imposanten Festung

Al-Alam-Palast

Altstadt

Bevor man sich in die Altstadt begibt, stellt man den Wagen am besten außerhalb der Stadtmauer ab. Der Mittelpunkt der Altstadt ist nach wie vor die hufeisenförmige Bucht, deren Zugang auf beiden Seiten von imposanten Festungen bewacht wird.

Die Festungen Mirani Ⓐ und Jalali Ⓑ

Ausgangspunkt des Spaziergangs ist die Straße unterhalb der imposanten Festung **Mirani,** die hoch über der Bucht thront. Die 1587 neu errichtete Anlage wird von der königlichen Garde genutzt und ist Besuchern nicht zugänglich.

Von der Straße aus bietet sich ein schöner Blick auf die Bucht und die gegenüberliegende Festung **Jalali.** Bis in die 1970er Jahre fungierte sie als berüchtigtes Gefängnis. Heute ist dort das Privatmuseum des Sultans untergebracht (für angemeldete Gruppen zu besichtigen).

Bei genauem Hinsehen erkennen Sie links von der Festung Jalali weiße, bis zu einem Meter hohe Buchstaben auf dem grauen Felsen. Es sind Schiffsnamen, die von den Besatzungen der Windjammer zur Erinnerung an ihren Aufenthalt in Masqat überall, auch auf die dem Meer zugewandten Seite, aufgemalt wurden. Manche fügten auch ihre Landesflagge und das Jahr ihres Besuches hinzu. Said bin Taimur, der Vater von Sultan Qaboos, bezeichnete daher den Felsen scherzhaft als sein »Gästebuch«.

*Al-Alam-Palast Ⓒ

Die im indischen Stil errichtete Anlage, eine seltsame Mischung orientalischer und futuristischer Elemente, wird teils von einer Mauer, teils von einem Zaun umgeben. Man hat den Eindruck, dass das bunte Kleid, das dem Palast verpasst wurde, darüber

Ausblicke

Einen schönen Blick über die Altstadt samt Festungen und Sultanspalast hat man von der alten **Riyam Road** – besonders schön bei Nacht. Sie war die erste Asphaltstraße des Sultanats und wurde im Dezember 1929 eröffnet. Teile der alten Trasse, die Masqat mit Matrah verband, sind noch zu erkennen.

Karte Seite 41

Die streitbaren Nachfahren

Das Ende kam wie aus heiterem Himmel. Auf der Heimfahrt von Sansibar nach Sur überraschte 1865 ein Unwetter die omanische Afrikaflotte. Die Schiffe suchten Zuflucht in einer Bucht der Kuria-Muriah-Inseln, doch der Sturm vernichtete die gesamte Flotte. 5000 Jahre lang hatten die Omanis den Indischen Ozean beherrscht, hatten Güter und Waren aus China, Malaysia und Ostafrika über das Meer gebracht, die Portugiesen besiegt und den Briten getrotzt. Doch mit dem Verlust der Flotte, dem Aufkommen der Dampfschiffe und der Eröffnung des Suezkanals gehörte die omanische Präsenz zur See der Vergangenheit an.

Es war eine große Vergangenheit, die im 5. Jh. v. Chr. ihre erste Blütezeit erlebte, als sich unter persischer Herrschaft aus einer kleinen, regionalen Handelsschifffahrt an der Küste eine bis nach Ostafrika reichende entwickelte. Während des Kalifats der Omaijaden und Abbasiden in Damaskus und Bagdad florierte der Seehandel. Zentrum der Seefahrt jener Tage war Sohar, die Stadt, von der gesagt wird, ihr berühmtester Sohn sei Sindbad der Seefahrer.

Erst das Vordringen der Portugiesen auf der Suche nach dem Seeweg nach Indien brachte einen Rückschlag. Das Königreich von Hormuz wurde besiegt, Qalhat zerstört, die Küste zur portugiesischen Kolonie. Von 1508 bis 1650 dauerte die Fremdherrschaft, dann wurden die Europäer aus dem Land gejagt, Oman konnte sich wieder der See zuwenden. Die Zeiten hatten sich jedoch geändert, nun tummelten sich auch Franzosen, Briten und Niederländer im Indischen Ozean. Mit einer neuen Handels- und Kriegsflotte, mit Schiffen, die traditionell arabische Elemente und europäische Neuerungen vereinten, gelang es Imam Sultan bin Saif, 1652 die Insel Sansibar zu erobern, sich 1670 Diu in Indien einzuverleiben und die Portugiesen bis Kap Delgado aus Ostafrika zu vertreiben.

Von nun an konzentrierte sich der omanische Handel verstärkt auf Waren aus Afrika: Elfenbein, Eisen, Gold und Sklaven, die bei den Europäern reißenden Absatz fanden. Daneben weitete sich das Schutz- und Interessengebiet des Sultanats auf den gesamten Arabischen Golf aus. Oman war als Großmacht wieder erstanden. Unter Sayyed Said erreichte das Sultanat seine größte Ausdehnung und eine bedeutende Stellung im Welthandel. Von Sansibar stammten 1850 rund 75 % der Weltproduktion von Gewürznelken. Die Staaten Europas verlangten nach Waren, die ihnen die omanischen Händler liefern konnten.

Doch durch die Teilung des Sultanats in Masqat und Sansibar 1861, durch neue Technologien und Verkehrswege kam das Handelsimperium erst unter Druck und ging schließlich unter. Der fatale Sturm im Jahr 1865 war nur noch der dramatische letzte Akt.

Karte Seite 41

hinwegtäuschen soll, dass es sich um eine hermetisch abgeriegelte Residenz handelt.

Khor-Moschee Ⓓ

Masjid al-Khor besitzt, wie die meisten neu erbauten Moscheen, ein Minarett – eine architektonische Eigenheit, die den Ibaditen ursprünglich fremd war. Mit der blauen Kuppel ragt sie aus der grauen Umgebung heraus,

Bait Graiza Ⓔ

Das imposante zweistöckige Wohnhaus mit Spitzbogenfenstern ist eines der schönsten Beispiele omanischer Architektur. Früher stand hier eine portugiesische Handelsniederlassung mit einer kleinen Kirche. Vor dem Bait Graiza sind 14 Kanonen kopfüber ins Pflaster versenkt. Da Bait Graiza von staatlichen Behörden genutzt wird, kann man es innen nicht besichtigen.

*Bait Fransa Ⓕ

Etwa 300 m weiter führt eine Straße nach links zum »Franzosenhaus«, einst Residenz der französischen Botschafter und Konsuln. Heute hat hier das **Omanisch-Französische Museum** seinen Sitz. Außer dem Mobiliar des französischen Botschafters und Dokumenten zur Geschichte der omanisch-französischen Beziehungen ist eine Sammlung französischer und omanischer Trachten zu sehen (Sa–Do 9–13, 16–18, Fr 16–18 Uhr).

Stadtmauer

Folgt man der Straße weiter, gelangt man zur Stadtmauer. Diese geschlossene Umfassung der Stadt hat mit der alten, 1970 bereits verfallenen Mauer außer dem Verlauf nichts mehr gemein. Sie ist ein mit Lampen geschmücktes Betonbauwerk.

Auch die Stadttore haben mit den ursprünglichen Durchlässen nur noch wenig gemein. Das wichtigste Tor, **Bab al-Kabir Ⓖ**, wurde verbreitert und bietet nunmehr zwei Fahrzeuge nebeneinander Platz. Neben diesem Tor erinnert ein zinnenbekrönter Betonturm an seinen Vorgängerbau. Das **Bab al-Saghir Ⓗ** ungefähr 300 m weiter östlich unterscheidet sich kaum von seinem Gegenstück.

- Ⓐ Festung Mirani
- Ⓑ Festung Jalali
- Ⓒ Al-Alam-Palast
- Ⓓ Khor-Moschee
- Ⓔ Bait Graiza
- Ⓕ Bait Fransa
- Ⓖ Bab al-Kabir
- Ⓗ Bab al-Saghir
- Ⓘ Bait al-Zubair

Karte Seite 41

Al-Bustan-Palace-Hotel

Bait al-Zubair ❶

Gegenüber dem Bab al-Kabir befindet die ehemalige amerikanische Botschaft, wo ein aufwändig gestaltetes und architektonisch interessantes Museum eine Heimat fand. Dessen Sammlung gewährt einen umfassenden Einblick in verschiedene Lebensbereiche der Omanis und in die Kunstgeschichte des Landes. Unter den interessanten Ausstellungsobjekten sind Kleidung, Haushaltsgegenstände, Schmuck und Waffen. Im Garten wurde ein *falaj*-Kanal angelegt und eine Palmblatthütte *(barasti)* errichtet. Eine Fotoausstellung sowie ein Geschenkeladen sind angeschlossen (Mo, Mi 16–19, So, Di, Do 9 bis 12.30, Sa 16–20 Uhr).

*Al-Bustan-Palace Hotel und Bander Jissah

Südlich der Altstadt von Masqat liegt das kleine Örtchen **Al-Bustan** in einer weiten Bucht, deren östliches Ende sich Sultan Qaboos 1985 als Platz für sein repräsentatives Hotel aussuchte. Der oktogonale Bau, dessen Architektur von arabisch-omanischen Stilelementen geprägt ist, wird von schwarzen Felsen umrahmt, die im scharfen Kontrast zur golden schimmernden Kuppel und dem weißen Sandstrand stehen. Die Lobby ist 40 m hoch mit Spiegeln und kleinen Lampen im Gewölbe verziert, ein leichter Hauch von Weihrauch heißt Gäste willkommen. Gegen 11 Uhr vormittags finden bei genügend Teilnehmern Führungen statt.

Von September bis Mai bietet das Hotel mittwochs einen orientalischen Abend mit den entsprechenden Speisen und traditioneller Musik. Reservierung empfohlen (Tel. 79 25 80).

Die Zufahrt zum Hotel liegt an einem Kreisverkehr, in dessen Mitte der originalgetreue Nachbau einer Dhau thront. Die »Sohar«, für deren Bau nicht ein einziger Nagel verwendet wurde, segelte 1980 unter Kapitan Timothy Severin auf der historischen Handelsroute bis nach Kanton/China.

Von diesem Kreisverkehr führt eine Straße Richtung Ruwi, nach 1 km folgt ein Abzweig nach links zum kleinen Dorf Qantab und dem in einer Nachbarbucht gelegenen, öffentlichen Badestrand von **Bander Jissah**. Fischer bieten Fahrten entlang der Küste an, die besonders am Nachmittag zu empfehlen ist – dann ist das Licht besonders schön.

Karte Seite 46

Stoffhändler im Suq von Matrah, einem der attraktivsten Suqs in den Golfstaaten

Die Capital Area

Bis vor 30 Jahren konzentrierte sich das Leben in und um Masqat auf die Stadt selbst, das benachbarte Matrah und einige kleine Dörfer. Erste Pläne, eine moderne Stadt zu errichten, gab es bereits unter Sultan Said bin Taimur. In großem Maßstab ausgeführt wurden sie jedoch erst unter Sultan Qaboos. Von Seeb bis Masqat und weiter bis nach Al-Bustan erstreckt sich heute der städtische Gürtel, verbunden durch breite, gut ausgebaute, von Rasen, Büschen und Palmen gesäumte Straßen, erschlossen mit jeglicher Infrastruktur einschließlich Krankenhäusern und Schulen. 650 000 Menschen leben in der Capital Area.

Folgt man der Corniche von Masqat nach Westen, sticht nach kurzer Zeit ein ungewöhnliches Bauwerk ins Auge: der **Aussichtsturm** des Riyam-Parks in der Form eines riesigen Weihrauchbrenners. Unter ihm breitet sich ein Luna-Park aus, der gegen 15 Uhr seine Pforten öffnet.

Matrah ❶

Auch in Matrah empfiehlt es sich, das Auto abzustellen und zu Fuß durch die Gassen und entlang der Corniche zu schlendern. In der Bucht wurde der Containerhafen Mina Qaboos angelegt; Matrah nimmt nun die Stellung des Seehandelszentrums ein. Während in Masqat die alten Häuser den ehrgeizigen Plänen des Sultans weichen mussten, blieb in der Nachbarstadt die Bausubstanz weitgehend erhalten. Der **Suq von Matrah (s. S. 45) gilt heute gar als einer der schönsten der Golfstaaten. Wo einst der Strand war, führt seit 1972 die Corniche entlang der Bucht vom Fischmarkt bis nach Masqat. An der Hafenfront stehen stattliche Häuser aus dem 19. Jh. mit reich verzierten Balkonen und Bogenfenstern.

Die herrschaftlichen Handelshäuser schirmen das **Sur al-Lawatiya-Viertel** gegen die Außenwelt ab. Seit gut 200 Jahren lebt hier die Gemeinschaft der Khodjas, einer schiitischen Glaubensrichtung aus Pakistan, die als tüchtige Händler gelten. Fremde

Karte Seite 46

sind in diesem abgeschirmten Viertel nicht willkommen. Die Tafel mit der Aufschrift »Residential Area« sollte man unbedingt beachten.

An Sur al-Lawatiya schließt sich der **Suq** an. Ein großes Tor führt von der Corniche hinein in die Welt des Handels mit einer Vielzahl von Gewürzen, Duftstoffen, Textilien und Silberschmuck. Überall werden Weihrauch oder andere duftende Mischungen verbrannt. Verführerisch steigen einem die Wohlgerüche Arabiens in die Nase. Und die Lastenträger, Händler, alten Männer, spielenden Kinder, feilschenden Kunden, in farbenfrohe Kleider gehüllten Frauen oder die in schwarze Tücher gekleideten Beduinenfrauen stimmen besser auf Oman ein als vieles andere.

An Sur al-Lawatiya angrenzend sind die Gold- und Silberschmiede angesiedelt. Die Textilhändler haben ihre Läden parallel zur Corniche, in der Hauptgasse findet man Haushalts- und Schreibwaren. Bei den Gewürzhändlern sowie in einigen kleinen Parfümerien werden von Rosenwasser über verschiedenste Essenzen bis zu Weihrauch alle Düfte dieser Welt angeboten.

Wer den Suq von der Corniche aus betritt, stößt kurz hinter dem Eingang auf der linken Seite auf ein kleines Café, wo man bei einer Tasse Tee das geschäftige Treiben auf sich wirken lassen kann.

Neben dem Suq lädt noch das Gassengewirr Matrahs zu Entdeckungstouren ein. Da reihen sich alte Häuser an eilig hochgezogene Neubauten. Ziegen säumen den Weg, und aus Imbissstuben und Restaurants dringen appetitanregende Küchendüfte.

Handelshaus an der Corniche in Matrah

Ruwi Ⓚ

Über den Qurum-Kreisverkehr in Masqat erreichen Sie Ruwi, ein Wadi im Landesinneren, das bis 1970 kaum besiedelt war und heute ein lebhafter Geschäftsbezirk der Capital Area ist. Zwischen dem **GTO Tower** und dem Sheraton Oman Hotel breitet sich der **Central Business District** aus. Niederlassungen von Fluglinien, Banken und Konzerne sorgen tagsüber für geschäftiges Treiben.

Beim Ruwi-Kreisverkehr befinden sich, räumlich voneinander getrennt, Taxi- und Busbahnhof. Entlang der Ruwi Suq Street drängen sich die Geschäfte des Basars, des größten Einzelhandelszentrums der Stadt.

An der Bait al-Falaj Street, unweit des GTO Tower, befindet sich in der alten Festung Bait al-Falaj das ***Militärhistorische Museum** (Sultan's Armed Forces Museum), das nach der Restaurierung in altem Glanz erstrahlt und über eine Anzahl schön gestalteter Räume mit bemalten Decken und geschnitzten Türen verfügt. Die Sammlung zeigt einen Querschnitt durch die omanische Militärgeschichte (So–Do 7.30–13.30 Uhr).

Qurum Ⓛ

Neben seiner Funktion als Wohngegend zeichnet sich Qurum vor allem durch sein **Naturschutzgebiet** direkt an der Küste aus. Wo das Wadi Adai ins Meer mündet, breitet sich eine immergrüne Sumpflandschaft aus, die nicht betreten werden darf. Im benachbarten **Qurum Park** gibt es Karussells, ein kleines Theater und Ruderboote, mit denen man am kleinen See paddeln kann (Sa–Mi 16–23, Do, Fr 9–24 Uhr).

Karte Seite 46

Im Stadtteil Qurum offerieren verschiedene Einkaufszentren wie das **SABCO** oder **Capital Commercial Center (CCC)** gute Shoppingmöglichkeiten. Hier finden sich auch diverse Cafés, Fotogeschäfte, ein Internetcafé und diverse Supermärkte für den Selbstversorger (Sa–Do 9–13, Fr 16–21 Uhr).

Wer sich mit der Geschichte des Landes befassen will, sollte sich einen Besuch des **Oman-Museums** etwa 3 km südwestlich des Qurum-Kreisverkehrs auf keinen Fall entgehen lassen. Die Sammlung bietet einen guten Überblick von der Frühgeschichte bis in die Gegenwart (Sa–Do 9–13, 17–19 Uhr, Fr nur 17–19 Uhr).

Gleich rechts nach dem Seih-Al-Maleh-Kreisverkehr am Ende der gleichnamigen Straße befindet sich die ***PDO Exhibition Hall** der staatlichen Ölfördergesellschaft Petroleum Development Oman, in der Exponate zur Geschichte der Erdölförderung und zu verschiedenen Produktionsverfahren zu sehen sind (Sa–Mi 7–12, 13–15.45 Uhr, Do 8–12 Uhr).

Über den **Qurum-Kreisverkehr** gelangt man in ein zwar modernes, zugleich aber uraltes Siedlungsgebiet. Nahe dem Crowne Plaza Hotel auf der Halbinsel **Ras al-Hamra** wurden nämlich prähistorische Halden entdeckt, die Reste von Siedlungen aus der Zeit zwischen 3500 und 2800 v. Chr. sowie Muschelfragmente, Knochen und Asche enthielten.

Al-Khuwair Ⓜ

Neben Ministerien und Botschaften hat der Ort auch das überaus sehenswerte ***Naturhistorische Museum** zu bieten. Seine Sammlung gibt einen Überblick über die Fauna und Flora des Sultanats (Sa–Do 9–13, 17–19 Uhr, Fr nur 17–19 Uhr). Nach dem Besuch des Museums bietet sich zur Erholung ein ausgedehnter Spaziergang durch den sich direkt anschließenden **Botanischen Garten** an.

2 **Große Moschee Ⓝ

Die neue und größte Moschee des Sultanats – sie bietet 5000 Gläubigen Platz – ist am Vormitttag auch für Nicht-Muslime geöffnet. Zu sehen sind eine gelungene Architektur, die Stilelemente verschiedener Kulturen harmonisch miteinander vereint, ein 8 m hoher Kronleuchter und ein Teppich, an dem etwa 600 Frauen vier Jahre lang geknüpft haben (Sa–Do 8–11 Uhr, Eintritt frei; keine T-Shirts, kurzen Hosen und Röcke, Frauen nur mit Kopftuch).

Infos

Flughafen: Seeb (40 km vom Zentrum). Keine Shuttlebusse; Taxi ca. 7 R. O. **Fluglinien:** Gulf Air, Tel. 70 35 44; Emirates, Tel. 78 66 00; Lufthansa, Tel. 79 66 92; KLM, Tel. 56 67 37; British Airways, Tel. 56 87 77.

Karte Seite 41

Mietwagen: Am Flughafen oder in der Stadt: Avis, Tel. 60 72 35; Budget, Tel. 79 47 21; Toyota Rent A Car, Tel. 56 14 27; Mark Rent A Car, Tel. 56 24 44.
Busbahnhof: Ruwi beim Ruwi-Kreisverkehr, Oman National Transport Co. (ONTC), Tel. 59 00 46, www.ontcoman.com.

Al-Bustan-Palace, Matrah, Tel. 79 96 66, Fax 79 96 00, www.muscat-albustan.oman.intercontinental.com. Ein orientalischer Traum. ❍❍❍

Grand Hyatt Regency Muscat, Al-Khuwair, Tel. 60 28 88, Fax 60 52 82, www.muscat.regency.hyatt.com. Neues Luxushotel mit Restaurants, Bar und Nightclub. ❍❍❍

The Chedi Muscat, Nord-Ghubra, Weg 3215, Tel. 50 50 35, Fax 50 44 85, www.ghmhotels.com. Die geschmackvoll eingerichteten Zimmer mit Blick aufs Meer oder die Berge strahlen Ruhe aus. ❍❍❍

Radisson SAS Hotel, Al-Khuwair, Tel. 68 77 77, Fax 68 77 78, www.radissonSAS.com. Neu und gemütlich. ❍❍

Mina Hotel, Matrah Corniche, Tel. 71 18 28, Fax 71 49 81. Gut geführtes Hotel in unmittelbarer Nähe des Fischmarkts und des Suq. ❍

Al-Marjan, im Al-Bustan-Palace-Hotel, Tel. 79 96 66. Französische Küche. ❍❍❍

Mumtaz Mahal, Qurum, Tel. 56 38 50. Der Höhepunkt indischer Küche, im Hintergrund rauscht ein Wasserfall. ❍❍❍

Pavo Real, MQ-Shopping Center, Tel. 60 26 03. Mexikanische Küche. ❍❍

The Mombasa, Al-Khuwair, Tel. 69 43 40. Ostafrikanische Spezialitäten. ❍❍

Kargeen, in Medinat as-Sultan Qaboos, Tel. 69 22 69. Eines der wenigen Restaurant, wo Sie sehr schön draußen sitzen können. ❍❍

Arab World Restaurant, Ruwi, Tel. 79 81 19. Gutes arabisches Fastfood. ❍

- J Matrah
- K Ruwi
- L Qurum
- M Al-Khuwair
- N Große Moschee

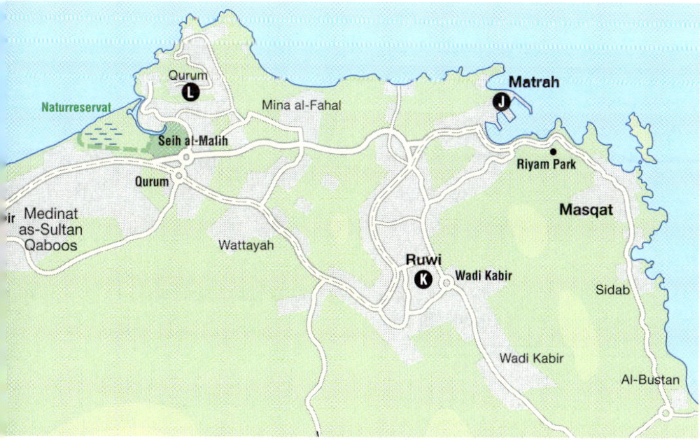

Tour 1

1

Karte Seite 50

Die **Sharqiya – Berge und Wüste

Masqat → **Ibra → **Al-Mudayrib → Al-Mintirib → Sur → *Qalhat → **Wadi Shab → Masqat (500 km)

Wie ein mächtiger Riegel schiebt sich das Hajar-Gebirge zwischen das Küstenland um Masqat und das Hinterland. Über den Samail-Pass erreicht man die Sharqiya, Omans »Ostregion«. Von dort aus geht es weiter zur alten Ostafrikahafenstadt Sur mit seinen alten Dhau-Werften. Vorbei an der Ruinenstadt Qalhat und dem schönen Wadi Shab führt die Küstenstraße zurück nach Masqat. Planen Sie 2 bis 3 Tage ein.

Die Tour beginnt in Masqat (s. S. 38), am Burj al-Sahwah-Kreisverkehr hinter dem Flughafen, und führt zunächst Richtung Nizwa. Bald darauf ist das Industriegebiet Rusail erreicht und man sieht schon die ersten Ausläufer des Hajar-Gebirges. Die Straße folgt nun einem alten Weg entlang des Wadi Samail durch die hohe Bergkette. Der gleichnamige Pass ist der wichtigste Durchgang ins Landesinnere; von der strategischen Bedeutung zeugen Wachtürme an der Straße zu beiden Seiten des Tals.

Fanja ❶

Am Eingang zu der Bergregion liegt westlich der Straße Fanja auf einer Erhebung unter einer mächtigen Steilwand. Im Tal breiten sich Palmen und Gärten entlang des Flusslaufes aus,

Schlittenfahren im Sand: Wahiba-Wüste

der von einer Brücke überquert wird. Um in den Ort zu gelangen, muss man die Hauptstraße verlassen und der Beschilderung nach Fanja folgen. Am besten lässt man den Wagen am Wadi stehen und begibt sich zu Fuß durch die Terrassenfelder zu den Befestigungsanlagen. Von oben bietet sich ein wunderbarer Blick.

Gut essen können Sie im **Arab World Restaurant** an der Hauptstraße.

Auf dem Weg nach Ibra

Knapp 5 km hinter Fanja zweigt die Straße bei **Bidbid** in Richtung Sur ab. Die Straße windet sich nun auf 40 km durch die schwarzbraunen Berge bis zur Sharqiya, die sich zwischen Hajar-Gebirge und Wahiba-Wüste ausbreitet und vom Wadi Andam im Westen bis nach al-Kamil im Südosten reicht.

Die Geschichte dieser Gegend ist vom ständigen Kampf der Menschen gegen das Austrocknen und Versalzen der Böden geprägt, aber auch von den endlosen Kleinkriegen der Stämme. Da sie oft zusammen in ein und derselben Oase wohnten, wurden die Häuser so wehrhaft wie möglich gebaut.

**Ibra ❷

Nach weiteren 65 km erreicht man den größten Ort der Sharqiya, der sich sich in zwei Teile teilt: in den nördlichen **Ibra Alayat** und den südlichen **Ibra Sufalat.**

Hier findet jeden Mittwoch der interessante **Frauenmarkt** statt. Aus einem Second-hand-Verkauf von Frauen an Frauen vor dem Krankenhaus hat sich ein regelrechter Flohmarkt entwickelt, zu dem mittlerweise auch Männern der Zutritt gestattet ist. Eine Straße gegenüber dem Frauenmarkt führt zum gleichzeitig stattfindenden **Wochenmarkt** mit Vieh- und Fischverkauf und zahlreichen Obstständen.

Schön ist ein Spaziergang durch die heute verlassene Altstadt mit dem klangvollen Namen **Al-Minzafah.** Umgeben von einer Mauer, durch die ein enges Tor Einlass gewährt, führen schmale Wege zwischen den Wipfeln heute noch bewirtschafteter Palmenhaine und zeugen zerfallene Lehmmauern vom einstigen Wohlstand dieser Region.

Nahar Tourism Camp, Tel. 9 38 76 54, emplyqli@ omantel. net.om; nahe Ibra. Gemütliches Camp mit klimatisierten Bungalows, Pool und guter Küche. ○○

In Ibra bietet sich die Filiale der **Arab World Restaurants** für eine Rast an.

**Al-Mudayrib ❸

Der Ortskern, der anders als in Ibra nach wie vor zum größten Teil bewohnt ist, liegt eingebettet zwischen

In der Altstadt von Ibra

mehreren von Wachtürmen bewehrten Hügeln und einer weitläufigen Oase. Die meisten der eindrucksvollen Bauten aus den letzten beiden Jahrhunderten sind erhalten, darunter die Versammlungshäuser *(sablas).* Der Umstand, dass der Ort belebt ist und sich so Charakter und Atmosphäre erhalten konnten, stellt einen erfrischenden Kontrast zu den Ruinenstädten der Region dar. Vor dem Verlassen der Oase sollten Sie noch auf einen der Hügel steigen und den Blick über die Siedlung, die Berge und die weite Kiesebene, in die die gelben Dünen der Wahiba hineinragen, schweifen lassen.

Al-Mintirib ❹

Im 30 km entfernten Al-Mintirib beginnt die Wahiba-Wüste. Der **Suq** von Al-Mintirib ist nicht nur der wichtigste Markt der Region; hier versorgen sich jeden Freitag auch die Beduinen mit allem Lebensnotwendigen.

Ein Spaziergang durch die Gärten in unmittelbarer Nähe des Suq ist ein intensives Erlebnis für Augen und Nase. Angebaut werden Datteln, Papaya und Bananen.

Al-Qabil-Motel, zwischen Ibra und Al-Mintirib, Tel. 48 12 43,

1 Karte Seite 50

1
Karte Seite 50

abelaom@omantel.net.om. Die einfachen, aber sauberen Zimmer gruppieren sich um einen kleinen Innenhof. Restaurant mit Alkohollizenz. ❍❍

Die Region Ja'alan

Von nun an zieht sich die Straße entlang der Wüste bis nach **Al-Kamil ❺**, wo sie sich verneut teilt: Links geht es weiter nach Sur, geradeaus lohnt sich ein Abstecher entlang dem ***Wadi al-Batha** und den Dünen der Wahiba an die Küste. Was diesen Ausflug auszeichnet, ist das Aufeinandertreffen der Ausläufer der Berge mit der Wüste; immer wieder tasten sich die rötlich gelben Dünen vor und liegen wie überdimensionale Zungen auf der Straße.

Unterwegs durchquert man die Ortschaften **Bilad Bani Bu Hasan ❻**, das wegen seines großen Freitagsmarktes bekannt ist, und **Bilad Bani Bu Ali ❼**. Hier befindet sich eine **Moschee, die aus parallel liegenden Tonnengewölben besteht, die von 48 Kuppeln geziert sind.

Während der folgenden 40 km nach **Al-Ashkharah ❽** sind zu beiden Seiten der Straße immer wieder Zelte und Barasti-Hütten der Beduinen zu sehen. Das Fischerdorf liefert den Viehherden der Nomaden und der Oasen ein wichtiges Nahrungsmittel:

1 Karte Seite 50

Dhau in der Lagune von Sur

Trockenfisch. Die Gerüche, die von dieser Spezialität ausgehen, können einem auf Tage hinaus jeglichen Appetit auf Fisch verderben.

Sur ❾

Der einstige Hafen des Sultanats für den Handel mit Ostafrika besteht aus zwei Ortsteilen. Der größere, westliche Teil der Stadt (60 000 Einw.) heißt **Sur as-Sahil** und weist kaum noch ein altes Bauwerk auf. Die Modernisierung des Landes ist auch hier in vollem Gang. Am Hafen laden am Morgen die Fischer ihren Fang ab. Kaum sonstwo kann man so viele Dhaus beobachten wie hier, und nicht weit entfernt liegen die ****Dhauwerften,** die heute nur noch reparieren – Neubauten sind mittlerweile zu teuer – und daher einer ungewissen Zukunft entgegen sehen. Auf dem Werftgelände befindet sich übrigens eine kleine Werkstatt, in der die traditionellen Schiffe in Handarbeit detailgenau in Kleinformat gefertigt werden.

Jenseits des Khor liegt der Stadtteil **Ayqa,** der am besten mit dem Wassertaxi, einer *abra,* angesteuert wird. Vom **Fort** aus bietet sich ein schöner Rundblick. Der Großteil der Häuser liegt gedrängt auf einer Landzunge, die vom Boot aus besonders malerisch aussieht. Es würde sich lohnen, einen der vielen Fischer zu fragen, ob er nicht bereit ist, gegen ein kleines

In einer Dhauwerft von Sur, wo die alten Schiffe repariert werden

Entgelt eine Rundfahrt durch die Lagune und über die Landzunge hinaus zu unternehmen.

Am Ufer der Bucht, nahe den Dhauwerften, liegt einer der alten **Frachtsegler,** wie sie bis Ende der 1960er Jahre in Gebrauch waren, als Monument in einer Parkanlage.

Sur Beach Hotel, Sur, Tel. 44 20 31, Fax 44 22 28, www.bestlodging.com/sites4/40450. Das Strandhotel hat einen eigenen Swimmingpool. ❍❍

▮ **Sur Plaza Hotel,** Sur, Tel. 44 37 77, Fax 44 26 26, www.southtravels.com. Das Sur Plaza ist ein Haus der gehobenen Klasse. ❍❍

Restaurants mit einer größeren Auswahl an Gerichten haben nur die genannten Hotels. Zu empfehlen ist auch das kleine **Arabian Sea Restaurant** mit landestypischer Küche beim Suq in Sur (❍).

1
Karte Seite 50

Plausch auf dem Fischmarkt von Sur

Ras al-Hadd ⑩

Von Sur sollten Sie einen weiteren Abstecher machen, der Sie auf guten Straßen an den östlichsten Punkt Omans und auch der Arabischen Halbinsel bei Ras al-Hadd bringt. Die abgelegene Region lockt mit einsamen Stränden und wird zunehmend touristisch erschlossen – mittlerweile gibt es dort mehrere einfache Unterkünfte.

Ras al-Hadd Hotel,
Tel. 44 20 31, Fax 44 22 28.
Einfache, aber gute Zimmer. OO

Etwas weiter südlich liegt das Schildkrötenschutzgebiet von **Ras al-Junayz,** für dessen Besuch Sie eine Genehmigung vom Umweltministerium in Masqat benötigen.

**Qalhat ⑪

Vom Sur Beach Hotel aus führt die Küstenstraße in nördlicher Richtung zu dem etwa 24 km entfernten Ruinenfeld Qalhat. Marco Polo und der arabische Reisende Ibn Battuta beschrieben nach dem Besuch der Stadt ihre prächtigen Suqs und eine große Moschee. Ein Erdbeben beschädigte die Stadt stark, endgültig zerstört wurde sie dann von den Portugiesen.

Dattelpalme mit vielen Früchten

Ein mächtiger Mauerring umgibt das dreieckige Ruinenfeld. Von den Bauten steht nur noch das ****Grabmal der Bibi Mariyam,** ein architektonisch reizvolles, quadratisches Gebäude mit stuckverzierter Außenfassade.

3 **Wadi Shab ⑫

Von Qalhat aus windet sich die Straße weitere 22 km entlang der Abhänge des Hajar-Gebirges zum Wadi Tiwi und noch einmal 2 km zum Wadi Shab, das als das Gewächshaus Omans gilt. Der Ort liegt auf den Hügeln zu beiden Seiten des Tals – der Blick ist postkartenreif.

Ins Wadi Shab kann man nur mit einem kleinen Boot übersetzen, das man selbst an Seilen hin- oder herzieht. Die Schaukelei zahlt sich aber aus, denn hier kann man in einem der schönsten Täler Omans mit üppiger Vegetation, Palmengärten und klarem Wasser spazierengehen.

Vom Wadi Shab führt die Straße weiter an der Küste bis nach Quriat. Hier können Sie an der Corniche eine Rast einlegen, nach Muskat sind es dann noch 99 km.

1 Karte Seite 50

Rohstoff Dattel

Etwa acht Millionen Dattelpalmen wachsen zwischen Musandam und Sur. Das Klima ist ideal für die Bäume, die warmen, trockenen Winter und feuchtheißen Sommer lassen 40 verschiedene Dattelsorten gedeihen. Einige von ihnen – vor allem jene aus der Sharqiya – stehen im Ruf, zu den besten der Welt zu gehören. Es scheint sich demnach um ein Paradies für die Bauern und Plantagenbesitzer zu handeln – wäre da nicht eben eine Kleinigkeit mit großen Auswirkungen: Es fehlt an Insekten, vor allem an Bienen, die die Arbeit des Bestäubens erledigen.

So bleibt den Menschen nichts anderes übrig, als deren Aufgabe zu übernehmen. Von Ende Februar bis Anfang April wird eine Palme nach der anderen erklommen, ein Blütenstand nach dem anderen per Hand bestäubt. Damit allein ist es aber nicht getan. Dattelpalmen sind Aufmerksamkeit heischende Geschöpfe, ihre Blütenstände wollen gegen Regengüsse geschützt sein, auch die Sonne darf nicht zu intensiv einstrahlen, und natürlich wollen die Pflanzen regelmäßig bewässert sein.

Die Jahresproduktion – offizielle Schätzungen sprechen von bis zu 175 000 Tonnen – kann sich sehen lassen. Offensichtlich schmecken die Datteln den Omanis immer noch, denn einen Großteil verspeisen die Züchter und Besitzer selbst, 30 % werden im In- und Ausland verkauft und 25–30 % an Tiere verfüttert.

Die Dattel ist mehr als nur irgendeine Frucht, die zufällig süß schmeckt, sie ist als Dessert nicht mehr wegzudenken und in der Tradition fest verankert. Die kleine braune Frucht war über Jahrtausende das Grundnahrungsmittel für Beduinen wie Seefahrer. Datteln enthalten Kohlenhydrate, Proteine, Vitamine und Mineralsalze. Ihr Zuckergehalt zwischen 40 und 80 % verhindert das Wachstum von Bakterien und Krankheitskeimen, was wiederum bedeutet, dass sie lange Zeit haltbar sind. Der britische Forschungsreisende Wilfried Thesiger berichtete, dass sich die Beduinen, mit denen er das »Leere Viertel« durchquerte, wochenlang nur von Datteln ernährten. Und während die europäischen Matrosen unter Skorbut litten, war diese Krankheit ihren Datteln essenden arabischen Kollegen fremd.

Die Pflanze wurde nicht nur als Lebensmittel genutzt. Palmzweige dienten als Besen, sie fanden Verwendung beim Flechten von Matten und Körben, die Stämme wiederum beim Bau von Häusern.

Um die Datteln, die vier verschiedene Reifungsgrade aufweisen, dem Land und seinen Menschen zu erhalten, richtete die Regierung ein gentechnisches Labor ein. Die alten Palmen sollen durch neue Schößlinge von hoher Qualität ersetzt, der Bestand auf zehn Millionen Bäume erhöht werden. Zu diesem Zweck wurden in Al-Kamil und Wadi Quriyat zwei große Dattelzuchtbetriebe eingerichtet.

Tour 2

**Jebel Akhdar – Raue Gebirgswelt

2 Karte Seite 57

Masqat → *Birkat al-Mauz → **Nizwa → Bahla → **Jabrin → *Bat (300 km)

Im Landesinneren erlebt man noch die archaische Schlichtheit des alten Oman. »Grüner Berg« lautet die Übersetzung für den Jebel Akhdar, denn auf seinem Plateau wachsen Walnussbäume, Rosensträucher und sogar Palmen. Von der rauen Gebirgswelt aus regierten die Imame der Ibaditen das Land bisweilen auch gegen den Sultan. Zeugen dieser Konflikte sind die imposanten Festungsanlagen, deren berühmteste, jene von Nizwa, Bahla und Jabrin, zugänglich sind. Für diese Tour sollten Sie drei bis vier Tage einplanen.

Von Masqat führt der Weg wie bei Tour 1 über Fanja und Bidbid (s. S. 48), nur folgen Sie dann dem Verlauf des Wadi Samail in Richtung Nizwa. Dieses Wadi war in der Vergangenheit von strategischer Bedeutung, denn es war die Hauptverbindung zwischen dem von Imamen regierten Landesinenren und der vom Sultan beherrschen Küste. Zahlreiche einzeln stehende Wachtürme säumen heute noch als stumme Zeugen unruhiger Zeiten den Weg.

Izki ⑬

Bei km 65 nach Bidbid beginnt Izki, eine der ältesten Städte Omans. Auf der Terrasse des Wadi Halfayn breitet sich seine Oase aus. Von der Festung aus (jetzt Ruine) kontrollierten die Imame den Zugang nach Nizwa. Die Burg steht in der neutralen Zone zwischen den beiden befestigten Ortsteilen.

*Birkat al-Mauz ⑭

Am Rande der jäh ansteigenden Felswände des **Jebel Akhdar** liegt Birkat al-Mauz (»Teich der Bananen«), das nach 9 km erreicht wird. Man verlässt die Hauptstraße und folgt einer Piste, die unter einem Aquädukt hindurchführt.

Das zentrale Wohnviertel betritt man durch ein Tor. In dem Gassengewirr, das sich den Berg hinaufzieht, ist es leicht, sich in die Atmosphäre der Oase einzufühlen. Das *Falaj*-System, das die Gärten mit Wasser versorgt, sich aber auch die Gassen entlang zieht und durch die Häuser verläuft, ist gut erhalten.

Immer wieder eröffnet sich ein Blick auf die ausgedehnten Felder ringsum. Birkat al-Mauz war ein wichtiger Kontrollpunkt an der Strecke von und nach Nizwa. Davon zeugt die restaurierte **Festung Bait Rudaidah** am südlichen Ortsausgang beim Wasserbecken, von dem aus die Kanäle Stadt und Oase durchziehen.

4 Abstecher zum **Jebel Akhdar ⑮

Hinter der Festung beginnt das Wadi Muaydin. Kurz nach der Einfahrt in das Wadi führt an seinen rechter Hand liegenden Steilwänden eine fast fertig gestellte Asphaltstraße hinauf in eine der schönsten Bergregionen Omans, den Jebel Akhdar – immer wieder können Sie fantatische Panoramablicke

Zarte Ornamente schmücken diese Gebetsnische (arabisch: mihrab)

Schöne Ornamente an der Tür und ein freundlicher Wächter

2 Karte Seite 57

genießen. *Akhdar* heißt auf arabisch »grün«, und bei einem Spaziergang durch blühende Gärten zeigt sich schnell die Berechtigung dieses Namens. Lange Zeit war die Region militärisches Sperrgebiet. Erst 2000 wurde das Gebiet für den Tourismus geöffnet.

Auf 200 m Höhe liegt das **Saiq-Plateau** und an dessen Rande das Al Jebel Al-Akhdar Hotel. Wenn Sie hier eine Nacht verbringen, können Sie die Umgebung in Ruhe erkunden. In einer schmalen Schlucht, dem **Wadi Bani Habib,** liegt versteckt eine kleine Ansammlung leer stehender alter Steinhäuser. Hier hatte Ende der 1950er Jahre der Anführer des Jebel-Akhdar-Aufstandes, Sulaiman bin Himyar, seinen Unterschlupf. Selbstbewusst nannte er sich auch »Lord of the Jebel Akhdar«. Reisenden wie Wilfred Thesiger war der Zugang ohne Sulaimans Erlaubnis verwehrt. Heute benötigen Besucher zwar auch eine Genehmigung, die ist aber persönlich oder per Fax im Al Jebel Ak-Akhdar Hotel einfach zu bekommen

Al Jebel Al-Akhdar Hotel, Tel. 42 90 09, Fax 42 91 19. Das vor wenigen Jahren eröffnete Hotel bietet guten Komfort. ❍❍

**Nizwa ⓰

Nach 24 km ist Nizwa (60 000 Einw.) erreicht, heute noch religiöses Zentrum Omans. In Nizwa traten die Julandi-Könige zum Islam über, und hier fand die Wahl des ersten ibadischen Imam statt. Über dem Grün der Dattelpalmenwipfel dieser Oase mit einer reichen Geschichte erheben sich der mächtige Turm der befestigten Burg und die blau-golden leuchtende Kuppel der **Sultan-Qaboos-Moschee.**

**Burg

Die Burg von Nizwa beherrscht vom Zentrum der Oase aus das umliegende Land und gilt zu Recht als ein großartiges Baudenkmal. Das wichtigste Element der um 1660 errichteten Anlage ist der Kanonenturm mit einem Durchmesser von rund 40 m

2
Karte Seite 57

Am Markttag pulsiert das Leben in Nizwa

und einer Höhe von 23 m. Bis auf eine Höhe von 14 m ist der Turm mit Sand und Geröll aufgefüllt, so sollte er den Kanonenkugeln standhalten. Eine enge, verwinkelte Stiege führt auf die Plattform, die wiederum von einer 9 m hohen Mauer umgeben ist. Wer sich bis zu den Zinnen begibt, wird für die Mühe des Aufstiegs mit einem grandiosen Ausblick auf die Stadt, die Oasen und Berge sowie auf eine wahre Farborgie aus Blau-, Gold- sowie allen erdenklichen Grün-, Ocker- und Brauntönen belohnt. Westlich des Turms befindet sich der Wohnkomplex der Burg, dessen Anlage sich durch Wuchtigkeit, seine Architektur indes durch Schlichtheit auszeichnet (Sa–Do 9–13, 16–18 Uhr, Fr nur nachmittags 16–18 Uhr).

Der *Suq

Direkt an die Festung schließt sich der Suq von Nizwa an, der einst wegen seiner Silberschmiede berühmt war. Leider wurde der obere Bereich des Suqs einer Restaurierung unterzogen, die seiner Atmosphäre nicht zuträglich war. Lediglich der untere Teil, der Eastern Suq, strahlt noch die Wärme und Behaglichkeit alter Tage aus. Silberschmuck, Krummdolche, Rosenwasser und farbenprächtige Decken vom Jebel Akhdar werden hier gerne gekauft.

Auf dem Markt von Nizwa

5 Am Freitagvormittag strömen die Beduinen aus der Umgebung zum **Freitagsmarkt** am Südende des Suqs von Nizwa. Bei dieser Gelegenheit wechselt nicht nur Vieh seine Besitzer, sondern auch Gewehre, Dolche und Munition werden feilgeboten. Das Recht, eine Waffe zu tragen, gilt in Oman nach wie vor. Nur in den Städten und Ortschaften legt man sie ab oder trägt allenfalls den *khanjar* (Krummdolch).

Nizwa Hotel, Nizwa, Tel. 43 16 16, Fax 43 16 19, www.nizwahotel.com. Alle Zimmer haben direkten Zugang zum erfrischenden Pool. Leider liegt das Hotel 20 km außerhalb von Nizwa. ○○○

▮ **Falaj Daris Hotel,** Nizwa, Tel. 41 05 00, Fax 41 05 37, fdhnizwa@omantel.net.om. Ruhige Hotelanlage mit gutem Restaurant. 5 km außerhalb Nizwas. ○○

▮ **Majan Guest House,** Tel. 932 74 18, Fax 65 20 10, nghnizwa@hotmail.com.

Etwa 6,5 km vom Stadtzentrum entfernt, sehr schön an einem Palmenhain gelegenes Haus mit 20 Zimmern; Swimmingpool. ○○○

Rund um die Festung und auf dem Suq von Nizwa bieten kleine Restaurants indische Küche an.

Abstecher nach Süden

21 km südlich von Nizwa breitet sich die Oasengruppe von **Manah ⓱ aus. Der gleichnamige Hauptort galt während der Zeit der Karawanen als eine der wichtigsten Stationen auf der Nord-Süd-Route. Dicht aneinander geschmiegt stehen die alten zweistöckigen Lehmhäuser, die jedoch alle verlassen wurden.

Kehrt man auf die Hauptstraße nach Salalah zurück und fährt nach Süden, sind es 51 km bis **Adam ⓲, der ersten Oase am Eingang zur Schotterwüste Jiddat al-Harasis. Hier hat die Dynastie der Al-Bu-Said ihren Stammsitz. Bei einer Besichtigung der alten Quartiere lässt sich die Struktur der Ortschaften gut nachvollziehen.

2
Karte Seite 57

2
Karte
Seite
57

Alter Brennofen in Bahla, dem omanischen Zentrum der Töpferei

Die kleine Moschee wurde nach der Überlieferung von einem Geist erbaut, um Streit unter den Stämmen zu verhindern. In der weitläufigen Oase, deren Parzellen eingetieft auf dem Niveau der *falaj* liegen, werden Datteln, Gemüse und Bananen angebaut.

Bahla ⑲

Zurück in Nizwa, führt die Tour weiter in das 42 km entfernte Bahla. Von weitem ist die auf Klippen thronende Festung von Bahla, ***Hisn Tamah,** zu sehen. Dieses bedeutende Zeugnis omanischer Lehmarchitektur wurde von der UNESCO als Weltkulturerbe eingestuft. Derzeit wird die gigantische Anlage, ein Bau aus dem 17. Jh., restauriert und ist daher nur von außen zu betrachten. Die Stadt sitzt auf einem Schatz: In ihrer Umgebung gibt es reiche Vorkommen an Tonerde, die als Baumaterial für die Häuser und für die Errichtung der mehr als 10 km langen, die gesamte Oase umfassenden Befestigungsmauer verwendet wurde. Bahla gilt zudem als Zentrum der Töpferei.

Wer den **Suq** besucht, dessen alter Teil sich um einen mächtigen Baum gruppiert, kann die Werkstätten in der Oase zu Fuß aufsuchen. Töpfer, die traditionelle omanische Keramik herstellen, lassen sich bei der Arbeit über die Schulter schauen.

Im Wadi Ghul

Abstecher nach Norden

Von Bahla bieten sich Abstecher nach Al-Hamra, Wadi Ghul und Misfah an. Die Straße nach ***Al-Hamra** ⑳ zweigt 8 km vor Bahla ab. Der Ort ist bekannt für seine gut erhaltenen Lehmbauten, die teils noch bewohnt sind. Leider ist aber der Suq zum Großteil verlassen und verfallen. Nur ein Halwa-Koch bereitet noch immer seine Süßspeise zu.

Über eine Schotterpiste geht es, vorbei an dem malerischen Ort, der wie ein Schwalbennest über den Plantagen an einer Wand klebt, in das ***Wadi Ghul** ㉑ und weiter auf den **Jebel Shams.** Die Fahrt auf den Jebel endet auf ca. 2000 m Höhe wird mit einem herrlichen Blick in den »Grand Canyon Omans« belohnt.

Nahe Al-Hamra windet sich eine asphaltierte Straße zur kleinen Bergoase ****Misfah** ㉒ hinauf, deren Terrassenfelder eng an den steilen Hang gebettet sind. Rücksichtsvolle Reisen-

Beduinenfrau mit der Gesichtsmaske, der »burqa«

de sollten mit ihrer Kamera zurückhaltend umgehen, da sich die Menschen in dieser abgelegenen Region durch Besucher gestört fühlen.

6 **Jabrin ㉓

11 km hinter Bahla zweigt nach 11 km linker Hand eine Straße zur Festung Jabrin ab. Bilarab bin Sultan Al-Yaruba, der Astrologen, Astronomen, Dichter, Mediziner und Rechtsgelehrte um sich versammelte, ließ die prächtige Residenz 1675 errichten. Die eindrucksvollen Wohnräume, ornamentale und florale Deckenmalereien, Stuckaturen und Spitzbogenfenster suchen ihresgleichen. Für sein Lieblingspferd ließ der Imam ein eigenes Zimmer einplanen. Nachdem sein Bruder die Macht an sich gerissen hatte, belagerte er die Festung bis zu Bilarabs Tod 1692. Im Erdgeschoss fand er seine letzte Ruhestätte. (Sa–Do 9–13, 16–18, Fr nur 16–18 Uhr).

Kurz hinter Bahla in Richtung Ibri erhebt sich rechts ein kleiner Berg mit einem Sendemast. Von dort hat man am Nachmittag einen schönen **Ausblick** (Fotoperspektive) über die Oase Bahla mit Stadtmauer und der Festung.

Ibri ㉔

Von Jabrin führt die Strecke weiter Richtung Westen durch die nur spärlich besiedelte Region al-Dhahira, geprägt vom Gegensatz zwischen den Ausläufern des Hajar-Gebirges und den ersten Dünen des Leeren Viertels. Nach 140 km ist das kleine Städtchen Ibri erreicht. Im Schatten der mächtigen Mauern seiner Festung liegt der alte Markt, auf dem am Vormittag ein reges Treiben herrscht.

2 Karte Seite 57

***Bienenkorbgräber von Bat ㉕

Von Ibri führt eine Straße nach Nordwesten, nach 17 km biegen Sie rechts ab, nach 14 km endet die Teerstraße, und in Blickweite links liegen auf den umliegenden Hügeln die Fundamente 5000 Jahre alter Gräber, die von der UNESCO als Weltkulturerbe eingestuft wurden. Sie sind die Vorläufer jener fein gearbeiteten Umm an-Nar-Gräber bei Al-Ain. In einem umzäunten Platz finden sich die Fundamente eines massiven Rundturmes, dessen Funktion – Wachturm, Warenlager oder Nekropole – bis jetzt ungeklärt ist.

Eine Schotterpiste führt von Bat geradeaus weiter, nach 23 km biegen Sie links ab und erreichen nach 7 km einen kleinen Felsrücken, auf dem weitere 18 sehr gut erhaltene Gräber stehen.

Ibri Tourist Guest House, am westlichen Ortseingang, Tel. 491 400, Fax 491554, einfaches Hotel mit sauberen Zimmern. ◯◯

Von Ibri können Sie problemlos weiter in die VAE reisen, an der Grenze (noch 100 km) gibt es die nötigen Visa. Bis Al-Ain sind es von Ibri 140 km.

Tour 3

Batinah-Ebene – Die fruchtbare Erde

Masqat → Barka → **Bait Na'aman → **Al-Hazm → Rostaq → Barka (200 km)

3
Karte Seite 57

Westlich von Masqat breitet sich zwischen der Küste und dem westlichen Hajar-Gebirge die Batinah-Ebene aus. Es ist ein offen zugängliches, äußerst fruchtbares Gebiet, in dem unter anderem Bananen, Datteln, Gurken, Kohl, Papayas, Auberginen, Tomaten und Peperoni angebaut werden. Da die Ebene Angriffen von der See schutzlos ausgeliefert war, wurden zahlreiche Fluchtburgen für die Bevölkerung errichtet. Für die Tour sollte man einen Tag einplanen.

Von Masqat (s. S. 38) aus verläuft eine vierspurige Straße Richtung Sohar. Nach 84 km ist Barka, der Ausgangspunkt der Tour durch die Batinah-Ebene, erreicht. Zwei Möglichkeiten bieten sich an, in den Ort zu gelangen. Entweder verlässt man 10 km vor Barka die Straße und folgt einer kleinen ausgeschilderten Nebenstraße, die durch kleine Dörfer und Plantagen direkt in die Stadt führt, oder man fährt durch bis zum Kreisverkehr.

Barka (26)

An der Küste erhebt sich die restaurierte rechteckige ***Festung** mit drei mächtigen Rundtürmen. Der Kanonenturm im Westen der Anlage ragt zu zwei Drittel aus der Festung hervor.

Direkt vor der Burg befindet sich der kleine Suq, und am Strand verkaufen Fischer ihren frischen Fang. Durch die ***Bullenkämpfe** erlangte der Ort in den letzten Jahren zunehmende Popularität. Dabei messen zwei Bullen Kopf an Kopf ihre Stärke, umringt von einem aufgeregten Publikum. Bisweilen kann es genauso interessant sein, die Menschen zu beobachten wie das unblutige Kräftemessen der Tiere.

Al-Sawadi Beach Resort, Barka, Tel. 89 55 45, Fax 89 55 35, alsawadibeach.com. Kleine Bungalows am Strand. ○○

**Bait Na'aman (27)

Die Festung Bait Na'aman wird um 1700 unter der Herrschaft der Yaruba-Imame erstmals erwähnt. Die Mauern und Wehrtürme wurden vermutlich erst in späterer Zeit dazugebaut. Rechts vor dem Hauptportal verläuft ein *falaj,* durch den das Wasser in das Gebäude geleitet wurde. Im Erdgeschoss befinden sich Küche und Bad. Über eine verwinkelte Treppe gelangt man in die kunstvoll restaurierten Räume im Obergeschoss.

Ras as-Suwadi (28)

Von Bait Na'aman kehrt man zurück auf die Hauptstraße in Richtung Sohar, biegt jedoch nach 28 km rechts ab und kommt so nach Ras as-Suwadi. Hier lädt ein weiter Sandstrand zu Spaziergängen ein. Mit einem Fischerboot sind die **Suwadi-Inseln** vor der Küste leicht zu erreichen. Auf den etwas weiter entfernt gelegenen **Daymaniyat-Inseln** haben Menschen nichts zu suchen – sie dienen Seevögeln als Nistplatz.

Tagesausflug nach Sohar ㉙

Von Suwadi kehren Sie zurück zur Hauptstraße. Links geht es nach Barka und weiter zur Festung von Al-Hazm. Biegen Sie rechts ab, erreichen Sie nach ca. 150 km Fahrt auf der Autobahn die alte Hafenstadt Sohar, im 9. Jh. wohlhabendes Zentrum des omanischen Überseehandels. Von hier liefen die Schiffe nach Indien und selbst bis ins chinesische Kanton aus. Der Glanz der großen Zeit ist längst verblichen, denn bereits 971 wurde Sohar von den Persern zerstört und seine Flotte im Hafen versenkt. Sehenswert ist die ***Festung** aus dem 16. Jh., die auf den im Innenhof teilweise freigelegten Fundamenten einer aus dem 13. Jh. stammenden Anlage errichtet wurde. Bemerkenswert ist der viereckige Turm – die meisten Befestigungstürme in Oman sind rund –, der ein umfassendes Museum der Geschichte Omans beherbergt (Sa–Mi 8–14 Uhr, Do/Fr 8–12, 16–18 Uhr).

Sohar Beach Hotel, Sallan Road, Tel. 04 11 11, Fax 04 37 66, soharhtl@omantel.net.com. Nettes Strandhotel. ○○

Al-Zafran, im Sohar Beach Resort. Gute Grillgerichte, vor allem Meeresfrüchte und Fisch. ○○

**Festung Al-Hazm ㉚

Zurück Richtung Barka biegt man bei Al-Muladdah ab und wendet sich landeinwärts gen Rostaq. Nach 25 km Fahrt ragt weithin sichtbar die Festung von Al-Hazm aus einer Oase auf. Ein Besuch lohnt sich allein wegen des imposanten Eingangstores, im Inneren vermittelt der noch immer Wasser führende *falaj* ein Gefühl von erfrischender Lebendigkeit. Die Räume sind reich mit Stuckaturen verziert (Sa–Do 9–13, 16–18, Fr nur 16–18 Uhr).

Die Festung in Rostaq

Wer etwas Zeit hat, sollte eine Führung durch die Festung machen, die von Englisch sprechenden Omani angeboten wird. Auf sich gestellt verläuft man sich garantiert in der verwinkelten Anlage.

Rostaq ㉛

Die größte Oase der Region breitet sich 20 km weiter südlich am Fuße des Jebel Akhdar aus. Von hier aus lassen sich die Zugänge in das Gebirge leicht kontrollieren, es ist also nicht verwunderlich, dass der Ort schon früh besiedelt wurde und eine wichtige Stellung errang. Der Begründer der Al-Bu-Said-Dynastie verfügte, dass er in der Festung bestattet wurde.

Fünf *aflaj* bewässern die Gartenanlagen. In der Mitte der Stadt erhebt sich die ****Festung,** die aus einem älteren und einem jüngeren Teil besteht und von einer Außenmauer umgeben ist. Der ovale Kern der Anlage dürfte

3 Karte Seite 57

Festung: Nakhl

3
Karte Seite 57

aus dem 7. Jh. stammen, die Türme wurden erst später errichtet. Ihr heutiges Gesicht erhielt die Festung im 18. Jh. Durch ein Tor im Süden betritt man das Areal (s. Al-Hazm, S. 61). Direkt an die Festung schließt sich der Suq an, der sich leider in einem Zustand fortgeschrittenen Verfalls befindet, da der neue Basar Käufer wie Händler abgezogen hat.

Der alte **Suq** von Rostaq wurde restauriert und die neuen Geschäfte laden zum Stöbern nach Souvenirs ein.

Von der Hauptstraße, an der man in mehreren Bäckereien frisches »Omani Bread« für ein Picknick kaufen kann, zweigt ein Weg in Richtung der Thermalquelle **Ain al-Kasfah** ab. Sie befindet sich direkt vor einer neuen **Moschee,** ist in Beton eingefasst und von einem Zaun umgeben. Das Wasser, vor allem seine blau- und smaragdfarbene Tönung, hat dadurch jedoch nichts von seiner Schönheit eingebüßt. Gleich daneben liegen **Badehäuser** für Männer und Frauen, das Wasser wird durch einen *falaj* dorthin und in die nahen Gärten weitergeleitet. Ein Spaziergang durch diese führt an Palmenplantagen und alten zweistöckigen, noch bewohnten Häusern entlang.

Nakhl ㉜

Die nun folgende Strecke präsentiert eine Landschaft von bizarrer Schönheit. Rechter Hand bauen sich kahle Berge auf, eingehüllt in bläulichen Dunst. Linker Hand erheben sich winzige, schroff zerklüftete, rotbraune Hügel aus dem Boden.

Schließlich wendet sich die Straße von der Ebene ab und folgt einem Wadilauf durch die Hügelkette. Unvermutet öffnen sich Seitentäler, sprießt zartes Grün am blanken Fels, durchbrechen Oasen die grandiose Kulisse. In Schlangenlinien windet sich die Straße durch das Tal und lädt an Ausweichplätzen zum Verweilen ein.

Nach einer Fahrt von 55 km ist die mächtige Festung von Nakhl zu erkennen. Bei der BP-Tankstelle zweigt man in den Ort ab und findet sich unversehens vor den hoch aufragenden Mauern der ****Burg.** Der schmale, lang gestreckte Bau liegt auf einem Felsen und zeichnet sich durch eine Unzahl Vorsprünge und Ecken aus. Insgesamt nimmt die Burg ein Areal von 3400 m² ein und zählt somit zu den größten im Sultanat Oman.

Die zweite Attraktion des Ortes sind die heißen ****Quellen von Ain Thowarah.** Von der Festung windet sich eine schmale Straße in Richtung Ain Thowarah durch Plantagen, die mehr an eine Parkanlage als an landwirtschaftliches Gebiet erinnern. Der Weg endet auf einem Parkplatz. Dahinter stehen Picknicktische, denn die Gegend ist ein beliebtes Ziel für Wochenendausflüge.

Im Schatten der Palmenhaine der parkähnlichen Plantage lässt sich ein erholsamer Spaziergang einlegen, vorbei an alten Lehmhäusern und begleitet vom Plätschern des *falaj*-Kanals.

Tour 4

**Dhufar – Heimat des Weihrauchs

****Salalah → Taqah → **Sammaram → Madinath al-Haqq → **Nabi Ayoub → **Mughsayl (170 km)**

Die Provinz Dhufar im Süden Omans erlebte dank des Exports von Weihrauch schon in der Antike einen wirtschaftlichen und kulturellen Höhepunkt. Da sie von den nördlichen Zentren Omans durch die Wüste abgeschnitten ist, bestehen enge Kontakte zu den jemenitischen Nachbarn. Die guten Beziehungen zum ehemaligen Südjemen machen sich nicht allein in der Architektur und Kultur bemerkbar, in den 1960er und 1970er Jahren kämpften sozialistisch orientierte Rebellen gegen die Regierung in Masqat. Erst 1975 konnten Sultan Qaboos' Truppen die letzten Rebellenstellungen einnehmen und die Provinz befrieden. Es kann vorkommen, dass die Bergbevölkerung Fremden gegenüber nach wie vor Misstrauen zeigt. Planen Sie zwei bis drei Tage für die Tour ein.

Bei Salalah: Kinder entbieten dem Gast einen Willkommensgruß

4 Karte Seite 68

**Salalah ㉝

Die Stadt (120 000 Einw.) hat eine wechselvolle Geschichte hinter sich, von der jedoch große Zeitabschnitte nach wie vor im Dunkeln liegen. Den wenigen Aufzeichnungen zufolge war die Dhufar-Region zunächst wechselweise im Besitz jemenitischer Dynastien oder der Perser. Die damalige Stadt war bekannt als Exporthafen für Weihrauch und Pferde. Später verfiel sie, doch seine Bewohner nutzten die Bauten als Steinbruch, um an neuer Stelle Salalah (»Die Strahlende«) zu errichten.

Im Westen des Ruinenfeldes von Al-Baleed (nicht zugänglich) sind noch die Reste der alten **Hofmoschee** zu erkennen: ihre Säulenstümpfe, der Innenhof und – das ist eine absolute Seltenheit bei islamischer Architektur – die Gebetsnische in derselben Wand, durch die auch die Moschee von den Gläubigen betreten wurde.

Altstadt

Westlich von Al-Baleed beginnt die **Corniche** (Küstenstraße). Sie verläuft zwischen Strand und dem Altstadtviertel **Al-Hafah,** das den **Suq** beherbergt, wo Weihrauch, Essenzen, duftende Hölzer und spezielle Mischungen feilgeboten werden. Die Verkäufer sind oft schwarz gekleidete Beduinenfrauen, die kaum ein Wort Englisch sprechen. Trotzdem gestaltet sich ein Kauf bei ihnen überaus interessant. Würdevoll legen sie den Preis fest und verbitten sich jede Zudringlichkeit mit einer Kamera. Erst wer einen Kauf getätigt hat, darf darauf hoffen, neben den duftenden Gaben auch noch ein Foto von ihnen mitnehmen zu dürfen.

Das Altstadtviertel **Al-Husn** wurde zur »Verbotenen Stadt«. Hohe Mauern umgeben den Palastbezirk, der Sultan Qaboos während seiner Sommeraufenthalte als Residenz dient.

Die Qaboos Street führt entlang der Palastmauern zum Vogelschutzgebiet **Khor Salalah.** Im Winter können Zugvögel wie Störche, Kraniche, Ibisse und Flamingos beobachtet werden.

4 Karte Seite 68

Neustadt

Beim nächsten Kreisverkehr gelangt man, sich rechts haltend, über die As Salam Street in das neue Salalah. Im Gegensatz zu Masqat wirkt die Stadt auch hier nicht offiziell. Es mag ihr an Lieblichkeit fehlen, doch besitzt sie einen herben Charme, den das gleißende Licht und die unwirklich schön schimmernden Palmen verstärken. Bei der As Salam Street befindet sich der **Neue Suq,** der durch seine moderne Architektur ins Auge fällt.

Durch die parallel zur Küste verlaufenden breiten Gärten mit ihren üppigen Palmen, Bananen-, Papaya- und Mangopflanzungen wirkt Salalah wie ein tropisches Paradies. Alle paar Meter stehen Kioske, die köstliche Früchte und herrliche frisch gepresste Säfte feilbieten.

Flughafen: Salalah direkt an der Stadtgrenze. Keine Shuttlebusse; Taxi ca. 5 R. O. **Fluglinien:** Oman Aviation, Tel. 29 43 01.
Mietwagen: Budget, Tel. 23 53 33; Toyota Rent A Car, Tel. 29 46 65.
Busbahnhof: bei As Salam St., ONTC, Tel. 29 27 73, www.ontcoman.com

Haffa House, al-Matar St., Tel. 29 54 44, Fax 29 48 73, haffa@omantel.net.om. Gut und zentral gelegen, mit ausgezeichnetem Restaurant und Geschäften. ○○○
▮ **Crowne Plaza Resort,** Al-Khandaq St., Tel. 23 53 33, Fax 23 51 37, www.crowne-plaza.de. Neu eröffnetes Haus direkt am Strand mit Pool und gutem Restaurant. ○○○
▮ **Beach Villas,** Dahariz 214, Tel. 23 59 99, Fax 23 55 99, beach-spa@omantel.net.com. Familiäre Atmosphäre; Alternative zum Hoteltrubel direkt am Strand. Neue Villen und Hotel mit Pool. ○○
▮ **Hamilton Plaza Hotel,** Al Robat St., Tel. 21 10 25, Fax 21 11 87, hamilton@omantel. net.om. Weitläufige Gartenanlage mit Pool und Gartenrestaurant. ○○
▮ **Hilton,** Al Sultan Qaboos St., Tel. 21 12 34, Fax 21 00 84, www.hilton.com. Direkt am Strand, gut geführtes Gartenrestaurant. ○○

Palm Grove, Tel. 21 00 84. Das Lokal liegt im Garten des Hilton und bietet internationale Küche zum Frühstück, Mittag- und Abendessen, dazu den Ausblick aufs Meer. ○○○
▮ **Bin Atique,** 23rd July Str., Tel. 29 23 84. Die landestypische Einrichtung gibt dem Restaurant viel Atmosphäre. ○○
▮ **Hassan bin Thabit,** 23rd July St., Tel. 29 10 10. Indische und chinesische Küche stehen in diesem Lokal zur Auswahl. ○

Im Restaurant von Bakhit Ali al-Mahree gibt es neben verschiedenen Variationen von Kamel-

Landschaft bei Salalah: die Quelle von Ain Razat

fleisch die sonst selten erhältliche Kamelmilch: **Aseer Restaurant,** am östlichen Ende der As-Salaam Street in Salalah, Tel. 29 77 34. ○○

Ain Razat ㉞

Etwa 6 km, nachdem Sie Salalah bei Dahariz verlassen haben, zweigen an einem Kreisverkehr zwei Straßen ab. Eine (verbotene) führt zum Maura-Palast, in dem die Mutter von Sultan Qaboos bis zu ihrem Tod 1992 lebte. Die Zweite ist ein Abstecher nach Ain Razat. Das Wort Ain bedeutet auch Quelle, und davon gibt es im Kalkgestein des Dhufar-Gebirges unzählige. Um Ain Razat wurde ein kleiner Park angelegt. Der Kontrast blühender Pflanzen, ockerfarbener Felsen und das leise plätschernde Quellwasser verführen zum Verweilen.

4
Karte
Seite
68

Taqah ㉟

Nach weiteren 17 km ist der drittgrößte Ort der Provinz erreich. Sehenswert ist vor allem die kleine **Burg** im Zentrum, die mit Alltagsgegenständen aus Indien, China und dem Jemen eingerichtet ist. Der **Strand** ist von windgebeugten Kokospalmen gesäumt und wie seit Urzeiten von Fischern und ihren Booten in Beschlag genommen. Er endet abrupt an einer Klippe, auf der die Reste einer kleinen **Festung** thronen. Eine kurze Schotterpiste führt Sie hinauf, und Sie haben einen weiten Blick über Palmenhaine, Taqah und den langen Strand.

Folgt man der Hauptstraße durch Taqah, stößt man am Ortsausgang auf einen Kreisverkehr, wo Sie zunächst nach rechts abbiegen. Kurz danach fällt linkerhand eine 200 m hohe Steilwand auf. Sie bildet das Ende des tiefer in den Bergen gelegenen Wadi Darbat. Während des Monsun (Juli bis Sept.) bildet sich hier manchmal ein beeindruckender **Wasserfall.**

Abstecher nach Mirbat

nach 1 km zweigt eine Schotterstraße nach rechts zum Khor Rori und der Ruinenstadt ****Sammaram** ㊱ ab. Auf dieser geht es – über eine weitere Abzweigung – rechterhand direkt zu den

Kostbares Harz

Der Reichtum war unermesslich, die Städte sollen zu den schönsten der Welt gehört haben, sogar von mit Gold gepflasterten Straßen ging die Mär. »Arabia felix« wurde das Land im heutigen Dhufar genannt und mit neidischen Blicken bedacht. Dabei beruhte der Wohlstand allein auf dem aromatisch duftenden Harz eines unscheinbaren Baumes im Süden Omans.

Etwa im 5. Jt. v. Chr. setzte sich in den Hochkulturen Mesopotamien und Ägypten bei religiösen Ritualen ein Duftstoff durch, der den heiligen Handlungen eine unverwechselbare Note, eine unnachahmliche Atmosphäre verlieh: Weihrauch. In Europa wurden die Harzklumpen später mit Gold aufgewogen.

Die Weihrauchstraße, die von Oman über Jemen, Saudi-Arabien und Jordanien nach Westen führt, ist das ebenbürtige Gegenstück zur Seidenstraße nach China. Sie kündet von Reichtum und Luxus. Kein Wunder, dass Alexander der

Resten des östlichsten Außenpostens der altarabischen Königreiche. 1952 kamen Archäologen zu der Überzeugung, dass die Gründung des einst bedeutenden Weihrauchhafens Sammaram auf vorislamische Zeit, das 1. Jh. n. Chr., zurückgeht. Da Weihrauch nicht nur auf Kamelen, sondern hauptsächlich auf Schiffen transportiert wurde, entstanden entlang der Küste mehrere Handels- und Hafenstädte, darunter Sammaram. Es liegt auf einem Hügel über einer Lagune

Fast verkrüppelt wirken die Äste der Weihrauchbäume

Große sich mit dem Gedanken eines Eroberungsfeldzuges nach Dhufar getragen haben soll. Auch die Römer versuchten, »Arabia felix« und sein Harz militärisch zu erobern.

Unter der Herrschaft der Sabäer entwickelten sich drei Zentren des Weihrauchexports: Sammaram an der Küste, Ubar in der Wüste und Saffara Metropolis östlich von Salalah. In Sammaram, das erst in den 1950er Jahren entdeckt und erforscht wurde, soll der Palast der Königin von Saba gestanden haben. Ubar, von dessen Reichtum – und liederlichem Lebenswandel seiner Bürger – auch der Koran in der 89. Sure berichtet, wurde erst 1992 entdeckt. Mehr als 4000 Gegenstände aus der Zeit um 2800 v. Chr. wurden gefunden, darunter Keramiken aus Syrien, Rom, Griechenland und sogar China, das wohl älteste Schachspiel der Welt und eine bislang unbekannte frühsemitische Schrift.

Erst im 6. Jh. n. Chr. begann der Niedergang des Weihrauchhandels. Das Reich der Sabäer und der nachfolgenden Jemeniten wurde von den persischen Sassaniden erobert, und das Christentum lehnte in seiner Frühphase den Gebrauch des im Wortsinn berauschenden Stoffes ab. Weihrauch enthält nämlich dieselbe THC-Verbindung wie Haschisch.

Das Auf und Ab des Handels hat die lokale Tradition kaum beeinflusst. Weihrauch wird nicht nur zum Parfümieren der Kleidung verwendet, er gilt auch als wirksame Arznei bei Magenbeschwerden und Kopfweh, als Geruchsblocker in der Küche oder zur Abwehr von Insekten. Es wird streng darauf geachtet, dass nur die weißen oder fast klaren Stücke eingesetzt werden, denn je dunkler die Farbe ist, desto schlechter die Qualität.

Reich wird Dhufar durch den Weihrauch wohl nicht mehr werden, dafür trägt er aber von jeher zum allgemeinen Wohlbefinden bei. Und das ist mehr, als man von vielen anderen Produkten behaupten kann.

4
Karte Seite 68

Altes Handelshaus in Mirbat

4
Karte Seite 68

und wird von einer Mauer umgeben, die heute noch bis zu 3 m hoch ist.

In einem **Museum** im Ministry of National Heritage and Culture in Salalah sind interessante Fundstücke aus Sammaram ausgestellt. Zu sehen ist u. a. eine Steintafel in alter, südarabischer Schrift, die von der Gründung des Hafens im ersten nachchristlichen Jahrhundert berichtet. Die Ausgrabunsstätten sind nicht zugänglich.

**Mirbat 37

Zurück auf der Teerstraße, biegen Sie rechts ab. Etwa 2 km vor Mirbat liegt ein alter Friedhof, der das blendend weiße **Grabmal** des islamischen Heiligen Sheikh Muhammad bin Ali al-Alawi beherbergt, das mit zwei Kuppeln versehen ist. Touristen sollten dieses islamische Heiligtum, das allein von Muslimen betreten werden darf, nur aus der Ferne betrachten. In Dhufar werden übrigens Gräbern und Friedhöfen magische Kräfte zugeschrieben. Wünsche, die über einem Grab geäußert werden, sollen sich ebenso erfüllen wie Verwünschungen.

Die Hafenstadt Mirbat (34 km ab Sammaram) breitet sich auf einer felsigen Halbinsel aus. Bis ins 18. Jh. war sie einer der wichtigsten Ausfuhrhäfen für Weihrauch. Aus dieser Zeit existieren im Stadtkern noch einige schöne alte Handelshäuser. Sie weisen narbenartigen Putz auf und sind oft mit Ritzzeichnungen von Schiffen geschmückt. Auf dem Dach befinden sich treppenförmige Zinnen, ein Schmuck, der in Dhufar und Südjemen allgemein gebräuchlich ist. Die kleinen rechteckigen Fenster werden mit

geschnitzten, bunten Holzläden verschlossen. Während eines Rundgangs durch Stadt und Hafen kann man leicht in die Atmosphäre eintauchen, die fremder und geheimnisvoller ist als im Norden.

Durch das Bergland

An dem Kreisverkehr, wo Sie Taqah verließen, biegen Sie rechts ab Richtung Madinat al-Haq. Die Straße quert die Küstenebene und windet sich hinauf auf den Jebel al-Qara. Vor allem nach dem Monsun (Juni bis September) strahlt diese Landschaft einen besonderen Reiz aus, dann sind die sanft geschwungenen Höhenzüge von einem sattgrünen Grasteppich überzogen. Die Pracht ist zwar schnell verdorrt, schon im November hat sich das Grün in ein Ocker gewandelt, doch auch dann lohnt eine Fahrt in frischer Höhenluft. Versprengt in den Bergen liegen kleinere Ortschaften, die als Versorgungszentren der Jebalis (Bergbewohner, von arab. Jebel = Berg) dienen, so z.B. **Madinat al-Haq** ㊳

Kurz hinter dem Ortseingang liegt auf der linken Seite ein kleines Restaurant, wo Sie Mittagspause machen können. Lassen Sie sich nicht von den etwas schmuddelig aussehenden Fassaden der Häuser abschrecken – die Feuchtigkeit des Monsun setzt den Wänden arg zu.

Die Fahrt geht weiter Richtung Westen. Auf den Wiesen rechts und links der Straße weiden große Rinder-und Kamelherden. Sie sind Statussymbol der Jebalis (je mehr Tiere, umso größer das Ansehen) – und ein Verkehrsproblem! Rechnen Sie jederzeit mit solch einem lebenden Hindernis auf der Straße. In den Wintermonaten lassen sich zahlreiche Zugvögel beobachten, u. a. viele Störche.

Bei **Qairun Hairitti** ㊴ ist die Hauptstraße erreicht, die rechts nach Thumrait führt. Sie biegen erst links und nach 2 km rechts Richtung Ayun ab. Die Hänge sind viel karger, denn die Straße führt zu den Nordausläufern des Dhufar-Gebirges, jene Region, in der die Weihrauchbäume am besten gedeihen. Denn hier herrscht jenes Klima aus geringer Feuchtigkeit und Wärme, das die sensiblen Bäume, die nur schwer zu züchten sind, benötigen. Die meisten Bäume stehen in unzugänglichen Tälern, doch entlang der Route finden sich vereinzelte Baumgruppen.

**Nabi Ayoub ㊵

Nach knapp 50 km weist ein kleines Schild mit der Aufschrift Nabi Ayoub den Weg zum ****Grabmal des Hiob,** das in einem Garten bei einer Moschee steht. Die Besucher müssen ihre Schuhe ausziehen und Frauen ihren Kopf bedecken. Kopftücher werden zur Verfügung gestellt. Unter dem

Kurven Richtung Salalah

Etwa 30 km nach Madinat al-Haq biegt eine schmale Straße nach links ab Richtung Shair und führt zurück nach Salalah. In steilen Kurven windet Sie sich durch ein dicht bewaldetes Tal, im unteren Abschnitt bilden Akazien und dichtes Buschwerk beinahe einen Tunnel. Fahren Sie langsam, denn hier weiden Kamele! Am Fuß der Berge liegt rechts die naturbelassene Quelle von Ain Hamran.

4 Karte Seite 68

7 Leeres Viertel

Für die meisten Menschen ist die Wüste einfach nur ein Haufen Sand. Für andere bietet sie die Möglichkeit zur Flucht aus unserer hektischen Welt und ihrem Lärm. Zu welchem Typ Sie auch gehören mögen: Probieren Sie das Abenteuer Wüste aus! Auf einer Düne zu sitzen und nur das eigene Blut in den Adern rauschen zu hören, die Augen über ein unbeschreiblich schönes Naturschauspiel gleiten zu lassen hat etwas Meditatives. Wohlhabende Omanis halten sich im Leeren Viertel (Rub al-Khali) große Kamelherden – ein Hauch des alten Arabien.

Wenn auch für Sie die Wüste nur für einen uninteressanten Haufen Sand halten, dann und gerade dann sollten Sie unbedingt hinfahren. Eine Nacht im Sand – unter einem leuchtenden Sternenhimmel, den kein fremdes Licht beeinträchtigt – ist ein unvergessliches Erlebnis. Und vielleicht befällt er sogar Sie, der Wüstenvirus. Denn wie heißt es sinngemäß im Vorwort zu Wilfred Thesigers Buch »Die Brunnen der Wüste«: »Wer einmal in die Wüste reist, kehrt verändert aus ihr zurück.«

Für Reisende mit ausreichend Zeit bietet der sehr zuverlässige und Englisch sprechende Musallam ein- und mehrtägige Ausflüge ins Leere Viertel an. Adresse: **Arabian Sand Tours,** Salalah, Tel. 94 95 175, Fax 29 61 10, damiem@hotmail.com

grünen Deckel vor dem Eingang befindet sich ein Fußabdruck, den Hiob hinterlassen haben soll. Das Grab ist mit Leichentüchern, Blumen und einzelnen Seiten des Koran bedeckt. Die Gaben haben gläubige Pilger niedergelegt.

Wegen der reizvollen Aussicht bietet sich ein Besuch im nahe gelegenen **Nabi Ayoub Restaurant** (Tel. 92 11 62) an. ❍❍

Die nächsten 24 km bis zur Küste gehören zu den schönsten, denn immer wieder öffnet sich ein weiter Blick über die Salalah-Ebene. Es gibt ausreichend Parkmöglichkeiten um diesen Ausblick in Ruhe zu genießen oder ein Erinnerungsfoto zu machen.

Abstecher nach **Mughsayl

Von Salalah aus führt die Tour weiter Richtung Westen nach **Raysut** ㊶, einem modernen Cantainerhafen. 31 km nach Raysut erreichen Sie ****Mughsayl** ㊷. Wo die Bucht von hohen schwarzen Klippen begrenzt wird, führt ein schmaler Pfad zu den so genannten *Blowholes*, beinahe kreisrunden Löchern im Gestein, die durch das Ozeanwasser ausgewaschen wurden. Wenn die See rau und aufgewühlt ist, schießt das Wasser fontänenartig in die Höhe.

Von Mughsayl aus führt die Straße an der Küste entlang Richtung jemenitischer Grenze. Kurz hinter Mughsayl fällt sie an steilen Berghängen über fünf Haarnadelkurven hinab ins Wadi Afawl, nur um sich auf der gegenüberliegenden Seite auf 1000 m in die Höhe zu winden. Etwa 3 km hinter diesem außergewöhnlichen Straßenbauwerk haben Sie einen tollen Blick über die Küste.

4 Karte Seite 68

Die Lagune von Mughsayl

Abstecher nach **Ubar

Um das etwa 200 km nördlich von Salalah liegende »Atlantis der Wüste« zu erreichen, verlässt man Salalah in Richtung **Thumrait** ㊸. Die Fahrt verläuft zunächst durch die grünen, fast mediterran wirkenden Abhänge des Jebel al-Qara und erreicht schließlich die Wüste.

Nach Thumrait zweigt die Straße in Richtung **Shisr** ab. In der Nähe dieser kleinen Oase befinden sich die Ruinen der legendären Stadt **Ubar** ㊹, die in der Bibel und im Koran erwähnt werden. Erst 1992 hat man Ubar mit Hilfe modernster Satellitentechnologie geortet. Seitdem graben Archäologen in den Sanddünen. Die Ruinen mögen im ersten Moment unscheinbar wirken, doch ein Besuch im angeschlossenen Museum lässt die einstige Bedeutung der 4000 Jahre alten Stadt erahnen.

Ubar war eine der wichtigsten Städte entlang der Weihrauchstraße (s. S. 66). Hier brachen die Karawanen mit ihrer kostbaren Fracht nach Westen auf, hierher kamen sie mit Waren schwer beladen zurück. Die Legenden vom unermesslichen Reichtum der als »Atlantis der Wüste« bezeichneten versunkenen Stadt beflügelten die Phantasie sowohl von Arabern als auch von Europäern.

Emirat Abu Dhabi

Karte Seite 73

Auf Sand gebaut

Abu Dhabi, das größte Emirat, ist dank der gewaltigen Erdgas- und Erdölvorkommen vor der Küste und in der Wüste nördlich der Liwa-Oasen auch das reichste der sieben Scheichtümer. Da der Großteil des Landes von Sandwüsten bedeckt ist, konzentriert sich die Bevölkerung (rund 800 000 Menschen) in der Hauptstadt Abu Dhabi und in der Oasengruppe von Al-Ain an der Grenze zu Oman.

Die Stadt Abu Dhabi ㊺

Erst der plötzliche Reichtum durch die Erdölförderung ließ aus einer kleinen unbedeutenden Siedlung ohne Kanalisation und elektrisches Licht eine supermoderne, von Lärm erfüllte Großstadt mit rund 670 000 Einwohnern werden.

An die Herkunft der Beduinen erinnert das Grün. Überall sprießen Pflanzen in den Parks und Gärten. Die

Auf Sand gebaut

Abu Dhabi dehnt sich auf einer T-förmigen Sandinsel aus. Breite mehrspurige Boulevards, gesäumt von architektonisch gelungenen Hochhäusern im neoorientalischen Stil, durchziehen die Stadt. Die Entfernungen sind wesentlich größer, als sie auf den ersten Blick scheinen. Der Geschäftsbezirk breitet sich rund um den Ittihad Square aus, die Wohngegenden liegen südlich des Zentrums.

Karte Seite 73

Söhne der Wüste haben sich ihr persönliches Paradies geschaffen.

Abu Dhabi, das ist die Hauptstadt der Vereinigten Arabischen Emirate, ein Beton gewordenes Zeugnis des atemberaubend schnellen Aufstiegs des armen Emirats zu einer der reichsten Regionen der Welt.

Geschichte

Bereits im 3. Jt. v. Chr. wurde die Gegend rund um das heutige Abu Dhabi besiedelt. Auf der vorgelagerten Insel Umm an-Nar wurden in den 1950er Jahren Überreste einer jahrtausendealten Kultur entdeckt, die den Fundstücken nach damals schon Handelsbeziehungen bis nach Mesopotamien und Indien unterhielt. Bis heute weiß man nichts über die Bevölkerung jener Zeit und auch nichts über die Gründe ihres Niedergangs.

Abu Dhabi verdankt seine Gründung einer Süßwasserquelle, die 1761 bei der Verfolgung einer Gazelle entdeckt wurde. Der Name der Stadt bedeutet deshalb »Vater der Gazelle«. 1793 übersiedelte die herrschende Al-Nayhan-Familie aus den Liwa-Oasen im Landesinneren an die Küste. Um die von einem Brunnen gefasste Quelle wurde ein Fort, Al-Husn, errichtet.

Durch die Entwicklung der Zuchtperle im fernen Japan in den 1930er Jahren entfiel praktisch über Nacht die Haupteinnahmequelle. Es war wohl mehr der Griff nach dem sprichwörtlichen Strohhalm, der Scheich Shakhbut bewog, Ende der 1930er Jahre an die Briten Konzessionen zur Förderung von Erdöl zu vergeben.

Erst seit 1962 verdient Abu Dhabi mit der Petroleumindustrie Geld. Zu dieser Zeit war die Stadt ein kleiner, verschlafener Fischerort. Das änderte sich, als 1966 Zayed seinen Bruder Scheich Shakhbut ablöste und die Macht im Emirat übernahm, die er bis zu seinem Tod 2004 innehatte. Ab 1971 war er auch Präsident der unabhängigen Föderation VAE. Und wo sich vorher rund um das Fort ein paar Häuser und Hütten gruppiert haben, ragen heute Wolkenkratzer empor. Von der einstigen Armut ist nichts mehr zu sehen. Stattdessen demonstriert die Hauptstadt den Anspruch des Emirats, die unumstrittene politische und wirtschaftliche Führungsmacht innerhalb der VAE zu sein. Ein Stadtrundgang führt zu folgenden Sehenswürdigkeiten:

Blick auf die Große Moschee, die der Nichtgläubige nicht betreten darf

*Große Moschee A

Den Auftakt des Rundgangs bildet die Große Moschee, die von einem schönen Park umgeben ist. Da es nicht möglich ist, die Moschee innen zu besichtigen, muss man sich mit der Außenansicht des modernen Bauwerks mit seinen beiden 40 m hohen Minaretten begnügen.

- A Große Moschee
- B Cultural Foundation
- C Festung Al-Husn
- D Alter Suq
- E Neuer Suq
- F Petroleum Exhibition
- G Uhrturm

Sheraton Hotel
Umm al-Nar Street
Bani Yas Street
Corniche
Sheikh Zayid II. Street
Lulu Street
East Road
Sheikh Khalifa bin Zayid Street
Sheikh Hamdan bin Mohammad St.
Al-Falah Street
Ittihad Square
Al-Manhal Street
Khalid bin al-Waleed St.
Al-Nasr Street
Sheikh Zayid I. Street
Al-Manhal-Palast
King Khalid bin Abdel Aziz Street
Rennbahn
Khalifa bin Shakhbut Street
Al-Khaleeg al-Arabi Street
Wasserturm
Sultan bin Zayid Street
Al-Safina Restaurant
Breakwater
Marina Mall
Bainunah Street
Hilton Hotel
Interconti.-Hotel
Yachthafen
ABU DHABI
0
500 m
N
A
B
C
D
E
F
G

Karte Seite 73

Der Teppichmarkt mit seinem reichhaltigen Angebot

*Cultural Foundation Ⓑ

Vis-à-vis der Moschee liegt die Cultural Foundation, ein Dokumentationszentrum mit umfangreicher Bibliothek und Ausstellungshalle. (Tel. 621 53 00, tgl. 8–13, 16–21 Uhr). Ab und zu finden Konzerte mit arabischen Künstlern statt (die Termine finden Sie in der Tagespresse).

Festung Al-Husn Ⓒ

An die Cultural Foundation grenzt die Festung Al-Husn an. Es ist unmöglich, den weiß glänzenden Bau zu übersehen, so fremdartig und unzeitgemäß wirkt er inmitten der Wolkenkratzer. Heute wird der Bau, der in den letzten Jahren eine komplette Restaurierung erfuhr, von der Cultural Foundation als Forschungszentrum genutzt und kann nicht besichtigt werden.

Die Suqs

Unweit der Festung liegen der **Alte Suq Ⓓ** und der **Neue Suq Ⓔ**, die in ihrer Bausubstanz jedoch keinen Unterschied aufweisen und verglichen mit anderen Suqs unscheinbar wirken. Verbunden werden sie durch eine Brücke, die sich über die Sheikh Khalifa Street spannt. Stürzen Sie sich ins Geschehen – die besseren Geschäfte liegen zumeist an der Sheikh Hamdan Street.

Imposante Wolkenkratzer beherrschen die Corniche mit ihren gepflegten Parks

*Petroleum Exhibition Ⓕ

An der eleganten Corniche liegt die sehenswerte Petroleum Exhibition, eine permanente Ausstellung, die interessante Einblicke in die Geschichte der Erdölförderung und -verarbeitung sowie in deren Auswirkung auf Abu Dhabi vermittelt (Sa–Mi 8–13, 16.30–19.30 Uhr, Do nur vormittags).

*Umm an-Nar

Die kleine unscheinbare Insel östlich von Abu Dhabi war Namensgeber für eine Kulturepoche. Denn die dort entdeckten Gräber aus der Zeit um 2500 v. Chr. waren ein wichtiger archäologischer Fund für die Entschlüsselung der prähistorischen Geschichte des Landes. Bei Al-Ain entdeckte man später ähnliche Gräber, die – im Gegensatz zu denen von Umm an-Nar – besichtigt werden können (s. S. 81).

Karte Seite 73

Die Corniche

Vis-à-vis steht der **Uhrturm** G an der Corniche. Folgt man der breiten Corniche entlang der Bucht, bekommt man einen guten Eindruck von der Stadt, von ihren mit arabisch-orientalischen Stilelementen verzierten Wolkenkratzern, ihren zahlreichen gepflegten Parks und Gartenanlagen, ihren Brunnen (die nur abends in Betrieb genommen werden) und den vielen kleinen Moscheen, die geduckt zwischen den Hochhäusern stehen.

Gegenüber dem Hilton an der Corniche liegt die Zufahrt zur **Break-Water-Halbinsel.** Ursprünglich ein künstlicher Wasserschutz, ist hier ein großer Freizeitpark mit Grünflächen, Restaurants und Einkaufszentren entstanden. Eine Attraktion ist der Sky Team High Flyer – ein Fesselballon, der Sie für 15 Min. die Sklyline Abu Dhabis aus ungewöhnlicher Perspektive erleben lässt (Tel. 681 8158, Sa–Mi 9–1, Do. Fr 9–3 Uhr.)

Die Vorwahl von Abu Dhabi ist 02

ADNHC Tourism Department, Tel. 444 72 28.

Flughafen: Abu Dhabi International Airport (35 km vom Zentrum). Linienbusse alle 30 Min. in die Innenstadt, 3 Dh; Taxi ca. 60 Dh. **Fluglinien:** Etihad Airways, Tel. 800 22 77; British Airways, Tel. 622 45 40; Gulf Air, Tel. 633 17 00; KLM, Tel. 800 47 44; Lufthansa, Tel. 627 46 40.
Busbahnhof: an der East Road südlich des Zentrums; die Busse verkehren leider nur innerhalb des Emirats. Alle 30 Minuten fährt ein Bus nach Al-Ain.
Mietwagen: Am Flughafen oder in der Stadt. Avis, Tel. 632 37 60;

Das Luxushotel InterContinental mit seinem Jachthafen

Budget, Tel. 633 42 00; Europcar, Tel. 631 99 22.
Hauptpostamt: East Road/Ecke Al-Falah Street (Sa–Mi 8–20 Uhr, Do 8–18 Uhr, Fr 8–11 Uhr).

InterContinental Hotel, Zayed I St. (gegenüber Yachthafen), Tel. 666 68 88, Fax 666 91 53, www.abu-dhabi.interconti.com. Das Repräsentationshaus der Stadt mit Jachthafen und Strand. ○○○
▮ **Hilton,** Corniche Rd. West, Tel. 681 16 00, Fax 681 96 96, www.hilton.com. Am westlichen Ende der Corniche sehr schön inmitten eines Kokospalmenhains gelegen. ○○○
▮ **Meridien,** Tourist Club 1–2, Tel. 6 44 66 66, Fax 6 44 03 48, www.lemeridien.com. Am östlichen Ende der Stadt mit Strand. ○○○
▮ **Sheraton Abu Dhabi,** Corniche Rd. East, Tel. 677 33 33, Fax 672 51 49, www.sheraton.com.
Am östlichen Ende der Corniche gelegen. Mehrere Restaurants. ○○○
▮ **Khalidia Palace,** westliches Ende der Corniche, Tel. 662 24 70, Fax 666 04 11, www.khalidiapalacehotel.co.ae. Gutes Strandhotel mit moderaten Preisen. ○○

Karte Seite 73

Fishmarket, im Hotel Inter-Continental, Tel. 666 68 88. Seafood vom Feinsten an der hoteleigenen Marinaanlage. ○○○

▮ **Al-Birkeh,** im Hotel Meridien, Tel. 644 66 66. Libanesische Küche, Musik und Unterhaltung. ○○○

▮ **Al Safina Restaurant,** Breakwater Island, Tel. 681 60 85. Toller Blick auf die Skyline Abu Dhabis. Arabische Küche und Seafood. ○○○

In den Hotels liegt das Magazin **»What's on«** mit Veranstaltungstipps und den »Happy Hours« verschiedener Bars aus.

Liwa-Oasen ㊻

Die Fahrt zu den Liwa-Oasen 180 km südlich von Abu Dhabi empfiehlt sich wegen der Landschaft; auf der Strecke von Abu Dhabi über Tarif nach Süden dehnt sich beiderseits der Straße die Wüste aus, dann und wann kann man Kamelherden ziehen sehen. Hat man die Erdölförderstätten passiert, liegt ein Abstecher in die Wüste nahe.

Der Forschungsreisende Wilfried Thesiger war 1947 der erste Europäer, der Liwa am Rande des Leeren Viertels – den Ursprungsort des Beduinenstammes Bani Yas – erreichte. Heute demonstriert die Regierung von Abu Dhabi hier, dass die Wüste bezähmbar ist und aus hohen Sanddünen flaches Ackerland werden kann. Auf den zahlreichen Farmen werden Tomaten, Gurken, Auberginen und anderes Gemüse angebaut.

Liwa Hotel, Tel. 8 82 20 00, Fax 8 82 28 30, liwahtl@emirates.net.ae. Das Vier-Sterne-Hotel mit Pool bietet durch seine erhöhte Lage einen herrlichen Blick auf die Sanddünen. ○○○

Reizvoller Farbkontrast zum blauen Himmel: Dünen bei Al-Ain

**Al-Ain ㊼

160 km östlich von Abu Dhabi liegt die Oase Al-Ain mit der gleichnamigen Stadt zu Füßen des Jebel Hafit an der Grenze zu Oman. Al-Ain und das angrenzende omanische Dorf Buraimi sind bei Jung und Alt ein beliebtes Ausflugsziel. Um Al-Ain wurde mit harten Bandagen gekämpft. In den 1950er Jahren machten hier die Saudis territoriale Ansprüche geltend, mussten sie aber nach dem dezenten Eingreifen Großbritanniens aufgeben. Saudi-Arabien wurde mit einem Zugang zum Meer entschädigt.

Die Stadt Al-Ain (ca. 340 000 Einw.) beherbergt seit 1977 die einzige Universität der Vereinigten Arabischen Emirate (50 % der Studenten sind Frauen) und kann mit den kulturhistorisch interessanten Ausgrabungsstätten der Gräber von **Hili** aufwarten, einer monumentalen Bestattungsanlage aus dem 3. Jt. v. Chr.

Die Oasenstadt Al-Ain ist der am längsten durchgehend besiedelte Ort der Vereinigten Arabischen Emirate. Keramikscherben aus dem 4. Jt. v. Chr. deuten auf eine frühe Besiedlung hin. Bei Ausgrabungsarbeiten wurden zudem Reste einer bronzezeitlichen Kultur entdeckt, die mit jener von

Noch einmal Al-Ain: Tierhändler auf dem Kamelmarkt

Umm-an-Nar in Verbindung gestanden haben dürfte.

Im 19. Jh. machte sich die Al-Nayhan-Familie Al-Ain untertan und teilte sich die Macht mit dem Sultan von Oman. 1949 erhob das saudische Königreich Anspruch auf die Stadt, der prompt von der amerikanischen Erdölgruppe ARAMCO unterstützt wurde. 1952 marschierte gar saudisches Militär ein. 1955 musste es unverrichteter Dinge wieder abziehen, erst 1966 einigten sich Oman und Abu Dhabi auf den derzeitigen Grenzverlauf. 1974 verzichtete Saudi-Arabien auf weitere Ansprüche.

Bis 1966 fungierte Scheich Zayed als Gouverneur von Al-Ain. Seine Machtübernahme im Emirat verschaffte der Oasenstadt große Aufmerksamkeit. Heute präsentiert sie sich als Garten- und Universitätsstadt, die sich vor allem in der Entwicklung neuer Bewässerungstechniken international einen Namen gemacht hat.

8 **Kamelmarkt

Fährt man vom Gefängnis in Al-Ain in Richtung der Hili Gardens, liegt etwa auf halber Strecke der Kamelmarkt. An allen Ecken und Enden sieht man die Händler, die die Tiere begutachten, auswählen und abtransportieren. Der Sand, Staub, die zum Teil scharfen Gerüche der Kamele und das Kommen und Gehen schaffen eine eigene Welt.

Karte Seite 78

*Museum

Der Spaziergang beginnt beim Fort Al-Ain neben der Al-Ain-Busstation. An die Befestigungsanlage, die erst 1910 erbaut wurde, schließt das Museum an. Beim Betreten sieht man zunächst einen mit Teppichen geschmückten Beduinendiwan, der einst der Bewirtung wichtiger Gäste vorbehalten war. Heute kommen auch Normalsterbliche in den Genuss einer Tasse arabischen Kaffees. Zu sehen sind Fotos von Al-Ain und Abu Dhabi aus der Zeit vor dem Erdölboom, die ja gar nicht so lange zurückliegt, Szenen aus dem täglichen Leben, Schmuck, Waffen, Instrumente und präparierte Tiere (So–Mi 8–14, 15.30–17.30 Uhr, Do 9 bis 12, 15.30–17.30 Uhr, Fr 9–11.30, 15.30– 17.30 Uhr).

Unweit des Suqs, gleich beim al-Falaheya-Kreisverkehr, erhebt sich das alte Gefängnis. Im Gegensatz zum Fort wirkt es wesentlich robuster und weist darüber hinaus auch Elemente omanischer Architektur auf.

Zoo

Der Zoo von Al-Ain entspricht leider nicht den Ansprüchen einer artgerechten Tierhaltung, wie Europäer sie verstehen. Wie in Dubai wird auch in Al-Ain immer wieder davon gesprochen, die Anlage neu zu gestalten und die Käfige zu vergrößern, doch passiert ist bis heute nichts. Wer aber die Weiße Oryxantilope (s. S. 15) sehen will, kann dem seltenen und vom Aussterben bedrohten Tier hier begegnen (tgl. 8–17.30 Uhr).

Ar-Ruwais
Al-Khor
QATAR
Arabischer
Golf
Doha
Al-Wakrah
Umm Said
Dalma
Sir Bani Yas
Abu al-Abya
Ruweis
Tarif
As Sila
Habs
Ghayathi
Sabkhat Matti
Umm al-Ashtan
Bu Hasa
Meziyrah
Taraq
Umm Hisin
Aradah
Liwa
SAUDI-ARABIEN
VEREINIGTE ARABISCHE EMIRATE
0
100 km
N

Straße von Hormus
Halbinsel Musandam
Kumza
Bukha
Khasab
2087
Rus al-Jibal
Limah
Rams
OMAN
Ras al-Khaimah
53
Shimal
Golf von Oman
Khatt
Bayah
Umm al-Quwain
52
Dibba
Sharm
51 Ajman
50 Sharjah
Deira
49 Dubai
Manama
Khor Fakkan
Al-Dhaid
Masafi
Jumeirah
54
Fujairah
Kalba
Al-Haba
Mina Jebel Ali
Masfut
Shinas
Abjan
1401
Jebel Ghawil
Umm an-Nar
Abu Dhabi
45
Sweihan
Al-Liwa
Musaffah
Bani Yas
48
Buraimi
Sohar
Masqat
WESTLICHES HAJAR-GEBIRGE
Al-Ain
47
Jebel Hafit
OMAN
1655
Dank
Yanqul
Mudaysis
Mazim
VEREINIGTE ARABISCHE EMIRATE
Wadi Jifra
Ibri
An-Nashash
Nizwa, Leere Viertel (Rub al-Kahli)
Hamim
Wadi Rafash
Lekhwair
Wadi Zibra

Karte Seite 78

Hoch im Kurs steht die Falknerei, die früher oft lebensnotwendig war

In Oman wie in den Emiraten äußerst beliebt: Kamelrennen

Jagd und Spiele

Die Zeiten, da Beduinen mit einem Falken auf die Jagd gehen mussten, um die Familie oder den Stamm mit Hasen, Vögeln oder kleinen Gazellen zu versorgen, sind schon lange vorbei. Dennoch steht die Falknerei nach wie vor in hohem Ansehen, ziehen sich kleine Gruppen immer wieder in die Wüste zurück und begeben sich mit ihren Raubvögeln auf Pirsch. Sie ist ein letztes Bindeglied, gelebte Erinnerung an die Zeit der Väter, die noch nicht von den Öleinnahmen profitierten. Für einige Tage sehen sich die Männer mit den Herausforderungen der Wüste konfrontiert. Vor langer Zeit wurde die Falknerei von den Arabern entwickelt, das damit verbundene Wissen in alle Welt verbreitet. Während sie in Europa ein Vorrecht des Adels war, stand sie jedem Beduinen unabhängig von Ansehen und Stellung als Grundrecht zu. Einen oder mehrere solcher Vögel zu haben, war kein Luxus, es war bittere Notwendigkeit. Vor allem vor dem Aufkommen der Feuerwaffen sicherte der gefiederte Gefährte so manches Mal das Überleben in der kargen Umgebung.

Nicht viel anders steht es um das Kamel, das früher den Beduinen nicht nur als Transport- und Reittier diente, sondern sie darüber hinaus mit Milch, Fleisch und Leder versorgte. Wie der Falke ist auch das Kamel seiner ursprünglichen Funktion verlustig gegangen. Dank der allseits beliebten Rennen, die während der Wintermonate überall in den Emiraten und Oman veranstaltet und sogar im Fernsehen übertragen werden, genießt dieses Tier aber nach wie vor hohes Ansehen. Es ist jedoch nicht alles eitel Sonnenschein. Der Wohlstand lässt die Herden über Gebühr anwachsen. Vor allem in Dhufar besteht die Gefahr, dass ihr ungezügelter Appetit die Vegetation irreversibel schädigt. Die omanische Regierung zahlt bereits Prämien, wenn die Bauern den Bestand nach unten korrigieren. Doch das Programm läuft nur schleppend an, denn vielen ist die Tradition wichtiger als eine Geldprämie.

Karte Seite 78

*Hili Archaeological Park

Die weitläufige Parkanlage liegt etwa 8 km nördlich des Stadtzentrums am Fuß des Jebel Hafit. Herzstück ist eine Bestattungsanlage mit sehr interessanten Mehrkammergräbern aus der Zeit um 2700 v. Chr. Es sind Gräber des gleichen Typus, wie man sie auf der bei Abu Dhabi gelegenen Insel Umm an-Nar (s. S. 74) gefunden hat. Die Insel gab dieser rund 900 Jahre langen Epoche ihren Namen. In den Gräbern fand man mehrere Skelette, und die Wissenschaft vermutet, dass sie über einen längeren Zeitraum genutzt wurden. Anhand der Knochen konnte ermittelt werden, dass die Menschen eine Lebenserwartung von nur 40 Jahren hatten und kaum über 1,72 m groß wurden.

Viele der geborgenen Grabbeigaben sind im örtlichen Museum ausgestellt (Sa–Do 16–23 Uhr, Fr 10–23 Uhr).

Ganz in der Nähe der Gräber verspricht der Freizeitpark **Hili Fun City** mit seiner Eislaufbahn vergnügsame Stunden.

Für die Fahrt auf den **Jebel Hafit** empfiehlt sich der späte Nachmittag. Zu diesem Zeitpunkt leuchten die weiten Dünenfelder um Al-Ain zu Füßen des Bergs im warmen Licht der untergehenden Sonne.

Busverbindung: Alle 30 Minuten gehen Busse von Al-Ain nach Abu-Dhabi und umgekehrt. Die Fahrt dauert etwa 2,5 Stunden und kostet 10 Dh.
Post: Am Uhrturm-Kreisverkehr; Öffnungszeiten: So–Do 8–20, Fr 8–11 Uhr.

Al-Ain InterContinental, Tel. 02/768 66 86, Fax 02/768 67 66, www.al-ain.uae.intercontinental.com

Die komfortable Hotelanlage ist in einen Park eingebettet und bietet Swimmingpools, Golf- und Tennisplatz sowie Reitmöglichkeit. ❍❍❍

Ain al-Faydah Resthouse, Tel. 02/783 8333, Fax 7838900. Das einfache Hotel liegt 20 km südlich der Stadt am Fuß des Jebel Hafit. ❍

The Horse & Jockey, im Al-Ain InterContinental, Tel. 02/768 66 86. Authentischer Pub, bekannt und beliebt für sein Abendessen. ❍❍

Abu Halab Restaurant, Tel. 02/751 55 35. Gute arabische Küche. ❍❍

Buraimi 48

In der Nähe des Kamelmarkts von Al-Ain liegt das zu Oman gehörende Dorf Buraimi, das aber ohne Pass- und Zollformalitäten besucht werden kann, da die eigentliche Grenze weiter südlich liegt. Schlagartig ändern sich Atmosphäre und Architektur, denn in Buraimi stehen noch alte Lehmhäuser. Hier sind noch mehr traditionelle Strukturen erhalten geblieben.

Der typisch arabische **Suq** etwa wirkt wesentlich ursprünglicher und gemütlicher als sein Gegenstück in Al-Ain; hier kann man sehr gut Silberschmuck, Henna und Stoffe kaufen. Direkt hinter dem Markt ragt das **Al-Hilla-Fort** auf, ein sehr schönes Beispiel omanischer Festungsarchitektur, das das Fort Al-Ain noch unscheinbarer wirken lässt, als es tatsächlich ist.

An den Suq grenzen einige **Gärten** an, die zu einem erholsamen Spaziergang einladen. Zwischen Dattelpalmen und dem *Falaj*-System fühlt man sich in vergangene Zeiten zurückversetzt.

Karte Seite 83

Emirat Dubai

Duty-free-Paradies

Das zweitgrößte der Emirate liegt zwischen der Küste und den westlichen Ausläufern des Hajar-Gebirges. Hier leben etwa 500 000 Menschen. Zwar ist Dubai der zweitgrößte Ölproduzent der VAE, doch spielt der Rohstoff bei weitem nicht jene Rolle wie in Abu Dhabi. Von jeher konzentriert sich das Leben in der Hauptstadt Dubai auf den Handel.

Ein Hauch von Orient in der modernen Metropole

Die Stadt Dubai ㊾

Im Gegensatz zu Abu Dhabi kann die Stadt Dubai (ca. 820 000 Einw.) auf eine vergleichsweise lange Geschichte zurückblicken. Mit dem Import von Waren, die unter Umgehung aller zollrechtlichen Bestimmungen sogleich wieder nach Persien exportiert wurden, war der Grundstein zur heutigen Bedeutung der Stadt gelegt, die als das unumstrittene Handelszentrum der Emirate gilt und neben der Schweiz und Hongkong zu den größten Goldmärkten der Welt zählt.

Die Küste Dubais wurde bereits um 2000 v. Chr. besiedelt. Die Stadt wurde jedoch erst im späten 18. Jh. durch Mitglieder des Bani-Yas-Stammes gegründet, die vom Landesinneren an die Küste zogen. 1830 spaltete sich das Emirat unter der Führung von Maktoum bin Butti von Abu Dhabi ab. Dubai lebte damals in erster Linie von der Perlenfischerei. 1902 übernahm Dubai die Stellung der persischen Stadt Bandar Lingah als Freihandelshafen und wurde fortan von britischen Schiffen angelaufen. Prompt entwickelte sich der Suq zum größten des ganzen Golfs.

In den 1960er Jahren kam Dubai in den Genuss kuwaitischer Entwicklungsgelder, die in den Ausbau des Creek und der Infrastruktur investiert wurden. Der Handel boomte. Das änderte sich auch durch die Förderung und den Export von Erdöl ab 1966 nicht. Im Gegenteil: 1971, im Jahr der Gründung der Vereinigten Arabischen Emirate, verdiente das Emirat Unmengen von Geld mit dem Weiterverkauf von Gold.

Diese Einnahmequellen bescherten der Stadt einen Bauboom, der ihr Gesicht nachhaltig veränderte. Anstelle der alten Häuser wuchsen Wolkenkratzer in den Himmel, ein neuer Flughafen, ein Trockendock und der größte künstliche Freihandelshafen der Welt entstanden.

9 Im Frühjahr feiert man das **Dubai Shopping Festival.** Die Geschäfte bieten Tiefstpreise, Tombolas versprechen enorme Gewinne. Auch das Rahmenprogramm kann sich

Karte Seite 83

sehen lassen: Theateraufführungen, Konzerte, Feuerwerke und Lasershows. Die Termine finden Sie in der Tagespresse.

Südwestlich des Creek

Der Creek, ein flussähnlicher Meeresarm, teilt Dubai in zwei Hälften, in den Stadtteil Bur-Dubai im Südwesten und Deira im Nordosten.

Um die Stadt zu erkunden, empfiehlt es sich, den Spaziergang nahe dieser Wasserstraße zu beginnen. Am besten beim ***Al-Fahidi-Fort** Ⓐ, der alten Festung der Al-Maktoum-Familie. Der einfache Bau wurde Anfang des 19. Jhs. errichtet und ist das älteste Gebäude Dubais. Betritt man den Innenhof, so fühlt man sich in eine andere Welt versetzt. Während vor den Mauern der Verkehr auf den Straßen tobt, herrscht hier Ruhe.

10 Seit 1971 beherbergt die Festung das ****Dubai Museum.** Im Hof befinden sich neben einigen alten arabischen Fischerbooten eine rekonstruierte Beduinenküche und Wohnräume, wie sie noch vor 40 Jahren aussahen. Die Führungslinie der Ausstellung beginnt mit der Fauna und Flora, lässt die Besucher Meeresrauschen und Vogelstimmen hören, führt weiter über nachgebaute Läden und Werkstätten bis hin zu Exponaten, die den rasanten Wandel der letzten 30 Jahre dokumentieren (Sa–Do 8.30 bis 20.30 Uhr, Fr 15–21 Uhr).

In den schmalen Straßenzügen des Stadtviertels **Bastakiya** Ⓑ kann man ein wenig der Atmosphäre des alten

Ⓐ Al-Fahidi-Fort
Ⓑ Bastakiya
Ⓒ Amtssitz des Emirs
Ⓓ Moschee
Ⓔ Suq
Ⓕ Alter Suq
Ⓖ Goldsuq
Ⓗ Rathaus
Ⓘ Nationalbank
Ⓙ Satwa
Ⓚ Jumeirah

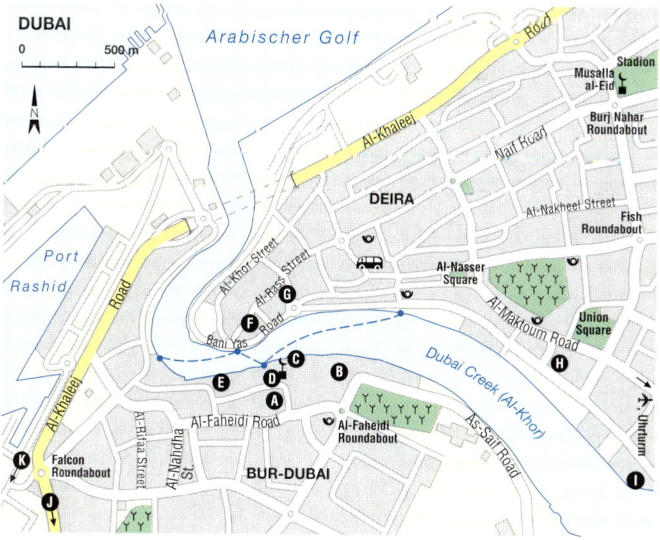

Karte Seite 83

Dubai nachspüren. Nach wie vor stehen hier alte, mit Windtürmen aus Korallenstein versehene Häuser. Die Türme dienten zu Kühlung. Durch hohe, schmale Schlitze entstand ein Luftzug, der in das Innere geleitet wurde. Die Häuser, die ursprünglich von reichen Händlerfamilien errichtet wurden, sind heute allesamt von Gastarbeitern bewohnt und daher nicht zu besichtigen.

Wendet man sich am Creek nach links, so gelangt man nach wenigen Metern zum **Amtssitz des Emirs Ⓒ**, einem einfachen Palast, der durch einen hohen Zaun von der Außenwelt abgeschirmt wird. Im Gegensatz zu den meisten Neubauten der Stadt greift dieser Bau auf die traditionelle arabische Formensprache zurück.

Gemeinsam mit der angrenzenden **Moschee Ⓓ** bringt die Anlage einen Hauch Orient in die Metropole.

Passiert man den Amtssitz, so gelangt man direkt in den **Suq Ⓔ** von Bur Dubai. Von indischer Seide über Baumwollstoffe bis zu Schweizer Batist werden hier alle möglichen Textilien angeboten.

Nordöstlich des Creek

Um nach Deira zu kommen, überquert man den Creek per Wassertaxi, *abra* genannt. Die Ablegestelle ist nicht zu verfehlen. Die ständig an- und ablegenden, mit Passagieren voll besetzten Holzboote vermitteln im ersten Augenblick einen chaotischen Eindruck. Zu empfehlen ist daher eine längere Pause in dem kleinen Café bei der Station, um sich mit etwas Muße das Kommen und Gehen anzusehen.

Gewürzhändler auf dem Alten Suq

Mieten Sie sich in den Abendstunden eine *abra* für eine private Stadtrundfahrt auf dem Creek. Der Preis ist Verhandlungssache und richtet sich nach der Dauer der Fahrt.

In Deira angekommen, wendet man sich nach links und stößt auf den ***Alten Suq Ⓕ**. Unvermittelt gelangt der Besucher in eine Welt verwirrender Düfte. Es riecht nach Muskat, Koriander, Zimt, Curry, Weihrauch und Myrrhe. Die Geschäfte im traditionellen Basar reihen sich in engen Gassen aneinander. Gefahr, sich hier zu ver-

Der Creek – Meeresarm als Umschlagplatz

Die Kaufleute ließen ihre Häuser in der Nähe der Ankerplätze für Schiffe errichten. Bis heute hat die Wasserstraße nichts von ihrer Funktion als Umschlagplatz für Waren aller Art eingebüßt. Überall kann man Dhaus sehen, die den Meeresarm befahren.

Vom Creek aus breitet sich das ganze Panorama der Stadt aus: Da sind die alten Häuser der Bastakiya mit ihren Windtürmen zu sehen, die Kuppeln und Minarette der Moscheen, die hoch aufragenden Wolkenkratzer und die vor Anker liegenden Dhaus.

Verlockung pur: der Goldsuq

laufen, besteht aber trotz des Gassengewirrs keine. Die von ein paar Quergässchen verbundenen vier Parallelstraßen bilden eine durchaus übersichtliche Welt des Handels.

Im benachbarten ***Goldsuq** Ⓖ glitzert und glänzt es in jedem Schaufenster. In den rund 700 klimatisierten Läden beiderseits der überdachten Straße werden pro Jahr rund 30 Tonnen des Edelmetalls verkauft.

Eine andere Welt des Handels erlebt, wer am Ufer des Creek entlangschlendert. Überall liegen Dhaus vertäut. Es ist laut und geschäftig, Güter werden herbeigebracht oder abgeholt, und mit dem Geruch des Wassers vermischt sich der von Schweiß und Diesel. Auf den bauchigen Schiffen türmen sich die Waren in Kisten und Ballen. Und kleine, mit Kreide beschriftete Tafeln verkünden, wohin die nächste Fahrt führt: Bander Abbas, Bahrain, Aden, Bombay oder Sansibar. Hier scheinen sie auf einmal gar nicht mehr so fern zu sein.

Das **Rathaus** Ⓗ ist ein offenes, den Menschen zugewandtes Haus. Der kubische Bau gilt wie die **Nationalbank** Ⓘ, deren Form einem Dhau-Segel ähnelt, als herausragendes Beispiel moderner Architektur – in diesen Fällen ausnahmsweise nicht dem Wahn der Höhe verschrieben.

Karte Seite 83

Satwa Ⓙ

International tätige Firmen haben ihren Sitz im ***World Trade Center,** das 39 Stockwerke hoch empor ragt. Zweimal täglich, um 9.30 und 16.30 Uhr (ausgenommen Freitag), besteht die Möglichkeit, von der Aussichtsplattform im 30. Stock den überwältigenden Blick auf die Metropole zu genießen.

Der angrenzende Stadtteil teilt sich in **Alt-** und **Neu-Satwa** auf. Alt-Satwa bietet einen Blick auf das Alltagsleben zwischen Werkstätten, Läden, Bäckereien, Restaurants, Cafés und Friseuren. Neu-Satwa rund um die Al-Dhifaya Road mit einer großen Anzahl von Restaurants, Cafés und neuen Geschäften hingegen erscheint um einiges ruhiger, zurückgezogener und auch ein wenig nobler.

Jumeirah Ⓚ

Noch vor wenigen Jahren erstreckte sich im Südwesten Dubais ein leerer weißer Sandstrand, an dem nur einige Fischer ihre Boote liegen hatten. Wohlhabende Dubaier und Mitglieder der herrschenden Maktoum Familie bauten sich großzügige, allein stehende Villen in Strandnähe – und der rasante Aufstieg Jumeirahs zu Dubais Freizeitviertel begann. Zunächst mit einer wunderschönen **Moschee** am Anfang der Beach Road. Es folgten Einkaufszentren, Stadthotels richteten Strandclubs für ihre Gäste ein, Tauch-, Segel- oder Surfschulen öffneten ihre Pforten. Die – vorläufige – Krönung ist das einzige 7-Sterne-Hotel, das **Burj al-Arab.** In Form eines aufgeblähten Segels ist es ein weithin sichtbares Monument des Luxus. Vom ein-

Karte Seite 83

zelnen Erholungshotel zur Erholungsstadt: **Madinat Jumeirah** begrüßte im August 2004 seine ersten Badegäste, die zwischen zwei fünf-Sterne-Hotels und separat stehenden Strandvillen wählen können. Da es am Strand von Jumeirah langsam eng wurde, ersann man Abhilfe: Ende 2004 werden vor der Küste zwei künstlich Inseln fertig gestellt, beide in Form einer Palme, die zusätzlich 120 km Strand schaffen. Lesen Sie zur modernen Architektur auch das Special S. 10/11.

Die Vorwahl von Dubai ist 04

Department of Tourism and Commerce Marketing, Tel. 2 23 00 00, Fax 2 23 00 22, www.dubaitourism.co.ae

Flughafen: Dubai International Airport (10 km vom Zentrum). Bus Nr. 4, 11 und 15 alle 30 Min. nach Deira, 1 Dh; Taxi ca. 30 Dh. **Flugauskunft:** Tel. 224 55 55. **Reconfirmation:** Über die Reiseorganisation DNATA können alle internationalen Airlines für Flugrückbestätigung oder Umbungen erreicht werden,Tel. 295 0000, www.dnata.com

Mietwagen: Am Flughafen oder in der Stadt: Avis, Tel. 2 95 71 21; Budget, Tel. 2224 51 92; Europcar, Tel. 352 00 33; Hertz, Tel. 282 44 22.

Hauptpost: in der Zaabeel Road in Bur-Dubai; Sa–Mi 8–23, Do 8–21, Fr 17–21 Uhr.

Burj al-Arab, Jumeira Beach Rd., Jumeirah, Tel. 3 01 77 77, Fax 3 01 70 00, www.burj-al-arab-dubai.de. Luxus pur – das erste und bisher einzige 7-Sterne-Haus der Welt. Das Restaurant in 200 Meter Höhe ist ein Muss. ○○○

▮ **Madinat Jumeirah,** Al-Sufouh Rd, Jumeira, Tel. 366888, Fax 3667788, www.jumeirahinternational.com. Sie

Dubai Duty Free

Die Entwicklung des Dubaier Flughafens vom unbedeutender Zwischenlandeplatz für Touristen auf dem Weg nach Asien zum international renommierten Airport ist wohl wesentlich der Einrichtung eines unvergleichlichen Angebotes an zollfreien Waren zu verdanken. In der Duty Free Zone gibt es nichts, was es nicht gibt, und das in hochwertiger Qualität zu unschlagbaren Preisen. Besonders begehrt sind Elektronikartikel. Die neuesten Handys oder Digitalkameras sind hier schon im Angebot, während man in Europa noch auf die ersten Lieferungen wartet. Eine zusätzliche Attraktion sind die regelmäßig stattfindenden Gewinnspiele. Wer nach dem Einkauf seine Quittung mit Namen und Anschrift versieht, wird mit etwas Glück zum stolzen Besitzer eines BMW, eines Goldbarren oder einer größeren Summe Bargeldes.

Die wachsende Zahl von Kauflustigen, machte einen Ausbau unumgänglich, und so wurde 2002 ein zweites Terminal mit zusätzlichen Abfertigungsschaltern und Einkaufsmöglichkeiten eröffnet. Doch schon ist man dabei, einen dritten Terminal zu errichten, sodass auf insgesamt 9000 m² abgeflogen und eingekauft werden kann ...

haben die Wahl zwischen den 5-Sterne-Hotels »Al Qasr« und »Mina A'Salam« sowie 29 Sommerhäusern. Selbstredend lässt die Anlage keine Wünsche offen. ○○○

▮ **Dubai InterContinental,** Bani Yas Rd., Deira, Tel. 222 71 71, Fax 228 47 77, www.dubai-uae.intercontinental.com. Direkt am Creek gelegen und bestens ausgestattet; 12 Spezialitätenrestaurants und diverse Bars. ○○○

▮ **Marriott,** Abu Bakr Siddique Rd., Hor al Anz, Tel. 262 44 44, Fax 262 62 64, www.marriott.com. Architektonisch höchst attraktiv in elegantem Viertel. ○○○

▮ **Sheraton Dubai Hotel & Towers,** Bani Yas Rd., Deira, Tel. 228 11 11, Fax 221 34 68, www.sheraton.com. Blick über den Dubai Creek; günstige Fees im nahe gelegenen Golfklub. ○○○

▮ **Metropolitan Palace Hotel,** Abu Dhabi Road, nahe dem World Trade Center, Tel. 227 00 00, Fax 2 27 99 93, www.methotels.com/metpalace. ○○

Aquarium, Dubai Golf & Yacht Club, Tel. 295 6061. Vorzügliche Fisch- und Meeresfrüchtegerichte. ○○○

▮ **Café de Paris,** Satwa High St., Tel. 345 14 18. Gutes französisches Frühstück. ○○

▮ **Al-Sarab,** ausgezeichnete arabische Küche im Le Royal Meridien Beach Hotel, Tel. 399 55 55. ○○

▮ **Al-Boom Tourist Village,** Tel. 324 1444. Kleine Imbissbuden und mehrere Restaurants, darunter das **Al-Areesh** mit arabischer Küche und das **Mumtaz** mit indischer Küche. Auf einer Dhau finden tgl. um 14 und 20.30 Uhr Lunch- bzw. Dinnerfahrten statt. ○○

▮ **Pars,** Al-Satwa-Kreisverkehr, Tel. 345 44 44. Iranische Küche in orientalischem Flair. ○

Emirat Sharjah

Karte Seite 88

Dubais ewige Rivalin

Auf der Landkarte macht das drittgrößte Emirat einen zerrissenen Eindruck. Sein größter Teil liegt am Arabischen Golf, die drei kleinen Exklaven von Dibba Hisn, Khor Fakkan und Kalba hingegen am Golf von Oman. Erdöl und Erdgas werden in Sharjah nur in sehr bescheidenem Umfang gefördert, weswegen sich die Regierung auf den Tourismus konzentriert. Die Hauptstadt präsentiert sich in modernem Gewande, das Warenangebot braucht den Vergleich mit Dubai nicht zu scheuen. Von der sanften Küste zum Arabischen Golf bis zur wildromantischen Küste zum Golf von Oman – das Emirat hat viele Gesichter.

Die Stadt Sharjah 50

Die moderne Stadt mit ca. 400 000 Einwohnern hat die wechselvollste Vergangenheit aller Hauptstädte der VAE. Während der letzten 500 Jahre sah es sich der Bedrohung durch Portugiesen, Perser und Briten ausgesetzt. Letztere waren es, die den Kampf gegen die Europäer als »Piraterie« abqualifizierten und so der Küste ihren Namen (»Piratenküste«) gaben. Zwar vernichteten sie die Flotte Sharjahs, befriedeten mittels Verträgen die Küste und etablierten einen Flottenstützpunkt, doch der Stellung der Stadt als unumstrittenes Handelszentrum der Region tat dies keinen Abbruch. In den 1930er-Jahren wurde Sharjah auch zum intellektuellen Zentrum der Emirate.

Als Sharjah sich durch den Ausbau der touristischen Infrastruktur schwer

Karte Seite 88

Sharjah: der Neue Suq mit seinen Windtürmen

verschuldete, sprang Saudi-Arabien finanziell ein, verlangte jedoch als Gegenleistung, dass der Ausschank von Alkohol zu unterbleiben habe. Die Schulden sind zwar getilgt, aber im Emirat darf nach wie vor kein Alkohol ausgeschenkt werden.

*Neuer Suq Ⓐ

Der Rundgang beginnt beim Neuen Suq, der direkt an der Corniche liegt und als neues Wahrzeichen der Stadt gilt. Der hohe, lichtdurchflutete, mit Windtürmen versehene Bau wirkt von außen wie aneinander gereihte überdimensionale Ölfässer. Sein mit arabischen Stilelementen verziertes Inneres ist ansprechender. Hunderte klimatisierter Läden und Geschäfte bieten alle möglichen Waren an.

*König-Feisal-Moschee Ⓑ

Die mächtige Moschee findet sich hinter dem Neuen Suq. Das architektonisch eindrucksvolle Bauwerk ist ein Geschenk des saudischen Herrschers,

Sharjah: König-Feisal-Moschee

- Ⓐ Neuer Suq
- Ⓑ König-Feisal-Moschee
- Ⓒ Fischmarkt
- Ⓓ Suq al-Arsah
- Ⓔ Bait an-Nabouda
- Ⓕ Islamic Museum
- Ⓖ Al-Majara Suq

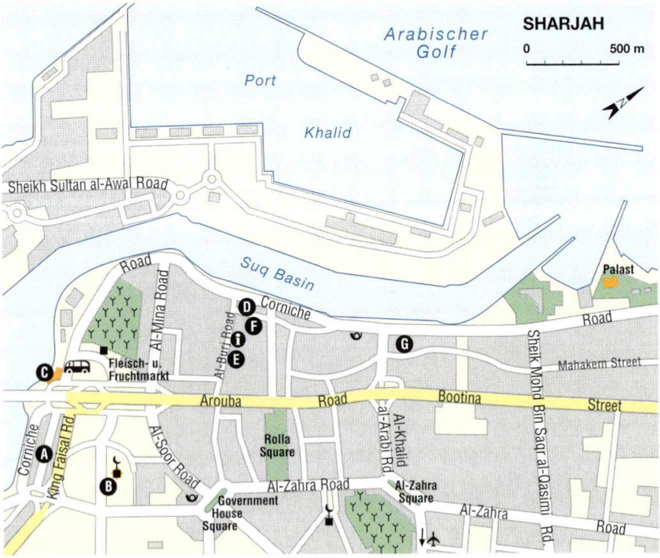

Karte Seite 88

Fischmarkt in Sharjah

Café im Al-Majara Suq

ein Symbol seines Einflusses und die – derzeit noch – größte Moschee der Vereinigten Arabischen Emirate.

*Fischmarkt C

Wendet man sich wieder der Corniche zu, so gelangt man bald zum Fischmarkt. Entlang den Kaimauern liegen Dhaus vor Anker, und überall wird der frische Fang verkauft. Den Besuchern bietet sich ein vielfältiges, lebendiges und buntes Bild – vor allem in den Morgenstunden, wenn die Fischer vom Meer zurückkehren und ihren nächtlichen Fang ausladen.

Suq al-Arsah D

Vom Fischmarkt schlendern Sie ein Stück auf der Corniche Road entlang und biegen dann rechts ein in die Al-Burj Road. Hier liegt der Suq al-Arsah oder alte Suq. Seine überdachten Gassen spenden kühlen Schatten und sind in erster Linie die Domäne der Antiquitätenhändler

11 Heritage Area

Der alte Suq liegt am Rande der sehr schönen Heritage Area. Unter Verwendung originalgetreuer Baumaterialien wurden alten Handelshäuser wie das ca. 160 Jahre alte **Bait an-Nabouda** E aufwändig restauriert und begehbar gemacht. Daran fast anschließend liegt das sehenswerte **Islamic Museum** F, das sich mit der Geschichte des Emirats und dem Islam auseinandersetzt (Di–Do 9–13, 17–20, Fr nur 17–20 Uhr, Mi nachm. nur für Frauen).

Al-Majara Suq G

Der aus gelbem und braunem Sandstein erbaute Suq wird aufgrund seines exklusiven Warenangebots von begüterten Arabern geschätzt.

! Die Vorwahl des Emirats Sharjah ist 09

i **Sharjah Commerce and Tourism Development Authority,**
Tel. 5 56 27 77, Fax 5 56 30 00,
www.sharjah-welcome.com

Flughafen: Sharjah International Airport (15 km vom Zentrum), Taxi: ca. 30 Dh. **Flugauskunft:** Tel. 558 11 11, www.sharjahairport.gov.ae; Rückbestätigung und Umbuchungen aller internationalen Airlines über DNATA in Dubai, Tel. 04/222 88 89.

Mietwagen: Am Flughafen oder in der Stadt: Avis, Tel. 559 59 25; Budget, Tel. 572 76 00.

Radisson SAS Resort, Tel. 565 7777, Fax 565 0090, www.radissonsas.com. Sehr gutes Hotel mit eigenem Strand, Bowlingbahnen und Shuttlebus nach Dubai. ○○○

▮ **Lou'Lou'A Beach Resort,** Al-Meena Rd., Tel.5285000, Fax 528 5222, www.loulouabeach.com. Gutes Preis-Leistungs-Verhältnis, viele deutsche Gäste. ○○○

▮ **Sharjah Grand Hotel,** Al-Meena Rd., Tel. 528 55 57, Fax 528 28 61, sales@sharjahgrand.com. Eine Freizeitwelt mit Strand, Swimmingpool und einer Reihe weiterer Angebote für sportliche Aktivitäten aller Art. ○○○

▮ **Sharjah Carlton Hotel,** Al-Meena Rd., Tel. 528 37 11, Fax 528 49 62, www.sharjahcarlton.com. Direkt am Strand nahe dem Dorf Al-Khan. ○○○

▮ **Golden Beach Motel,** Al-Meena Rd., Tel. 528 13 31, Fax 528 11 51, www.sharjahcarlton.com. Den Gästen stehen 42 Chalets und Appartements am Strand zur Verfügung. ○○

▮ **Prome Tower,** nördlich des Faisal Square im Stadtteil Abu Shagara, Tel. 5590818, Fax 5597449, prime@hotmail.com. Große, saubere Zimmer. ○

Italian Garden Restaurant, Marbella Resort, Tel. 574 11 11. Internationale und orientalische Spezialitäten. ○○○

▮ **Omar al-Khayyam Restaurant,** Al-Arouba Street, Tel. 565 42 94. Gute arabische Küche, die Sie vor allem einmal freitags am reichhaltigen Buffet probieren sollten. ○○

▮ **Sharjah Dhau Restaurant,** Tel. 573 02 22. Fisch- und Grillgerichte sowie freitags ein gutes Mittagsbuffet auf einer verankerten Dhau. ○○

Vier kleine Emirate

Karte Seite 78

Ajman, Umm al-Quwain, Ras al-Khaimah und Fujairah

Im Gegensatz zu Abu Dhabi, Dubai und Sharjah verfügen die Emirate Ajman, Umm al-Quwain, Ras al-Khaimah und Fujairah über keine oder nur sehr geringe Erdöl- und Erdgasvorkommen. Der Reichtum ist hier weniger präsent, dafür aber haben sich diese Emirate in vielerlei Hinsicht mehr als die anderen von ihrem ursprünglichen Charakter erhalten können. Die Landschaften Ras al-Khaimahs und Fujairahs sind durch den Gebirgszug des Hajar-Gebirges und natürliche Süßwasservorkommen geprägt. Es sind vier weitgehend grüne Emirate, die sich denn auch in erster Linie auf die Landwirtschaft konzentrieren. Die kleinen Emirate bieten noch mehr, innerhalb ihrer Grenzen liegen historisch bedeutsame Orte wie Julfar, Shimal oder Dibba. An der Ostküste sind in den Buchten zwischen der bisweilen steil abfallenden Küste immer wieder wunderschöne, einsame Strände zu entdecken.

Ajman (51)

Mit nur 260 km² ist Ajman an der Westküste das kleinste der sieben Emirate. Zu Land wird es vom Scheichtum Sharjah umgeben. Zu Ajman gehören noch zwei kleine Inland-Exklaven: **Masfut** am Fuß des Hajar-Gebirges nahe der omanischen Grenze und die Dattelpalmenoase **Manama.**

Das Erscheinungsbild der lebhaften Stadt **Ajman,** die an der Mündung des Meeresarms Khor Ajman liegt, hat sich in den letzten Jahren stark verändert. Von dem alten Gebäudebestand ist

Karte Seite 78

Der Eingang zum Museum in Ajman

fast nichts übrig geblieben, gerade noch das Fort am Central Square stammt aus dem 18. Jh. Heute beherbergt es ein ***Museum** mit einer guten Sammlung alter Manuskripte, Waffen und archäologischer Funde sowie einige rekonstruierte Räume (So–Mi 9–13, 16–19 Uhr, Do 9–12, 16–19 Uhr, Fr 16-19 Uhr, Sa geschl.). Vis-à-vis vom Haupteingang des Museums befindet sich eine restaurierte **Suq-Straße.** Hier kann man die Atmosphäre früherer Tage verspüren.

!! Die Vorwahl des Emirats Ajman ist 09.

Ajman Kempinski Hotel and Resort, Arabian Gulf St., Tel. 7 45 15 55, Fax 7 45 12 22, www.ajmankempinski.com. Bestes Haus am Platz mit vier Restaurants, Strand, großem Fitnesscenter und Shuttleservice via Sharjah nach Dubai. ❍❍❍

Ajman Beach Hotel, Arabian Gulf St., Tel. 742 33 33, Fax 742 33 63, abhotel@emirates.net.ae. Dezent und freundlich. ❍❍

Kuwait Restaurant, Ecke Humaid Bin Abduk Azit St./Abu Baker Al-Siddiq St. Indische Küche, sehr gute *biryanis.* ❍

Dhow Restaurant, zwischen der Anlegestelle für Fischerboote und dem Gemüsemarkt. Die Innenarchitektur gleicht einem Kaffeehaus im traditionellen Barasti-Stil. ❍

Umm al-Quwain 52

Die 777 km² des Emirats liegen eingekeilt zwischen den Emiraten Sharjah und Ras al-Khaimah am Arabischen Golf. Dank seiner Fischereiflotte und einiger großer Farmen im Landesinneren ist das Scheichtum ein wichtiger Nahrungsmittellieferant innerhalb der Vereinigten Arabischen Emirate. Das von der Bevölkerungszahl her kleinste der Emirate (ca. 50 000 Einw.) ist zugleich das ursprünglichste.

Die Hauptstadt **Umm al-Quwain** liegt besonders hübsch auf einer Halbinsel. Die Sehenswürdigkeiten beschränken sich auf das unscheinbare Fort und die Moschee. Unweit liegt der Hafen, der vor allem von Fischern frequentiert wird. Der wahre Reiz der Siedlung besteht darin, dass hier keinerlei Hochhäuser, stattdessen aber noch einige alte Bauten im traditionellen Stil zu sehen sind.

Bei Wassersportlern ist Umm al-Quwain wegen seines Meeresarms mit vielen kleinen Buchten, Inseln und Sandbänken sehr beliebt. (**Marine Club & Riding Centre,** Tel. 444 38 29.)

!! Die Vorwahl im Emirat Umm al-Quwain ist 06.

Umm al-Quwain Beach Resort, Tel. 7 66 66 47, uaqbeachhotel@hotmail.com. Anlage mit kleinen Bungalows. ❍❍

Pearl Hotel, Tel. 766 66 78, Fax 766 66 79, pearlhot@emirates.net.ae.

Karte Seite 78

Freizeitvergnügen an der Corniche von Umm al-Quwain

5 km südlich der Stadt. Mit Restaurant und Bar. ○○

Barracuda Resort, Tel. 768 15 55, Fax 768 15 56. Appartementanlage mit guten Wassersportmöglichkeiten. ○○

Aroos al-Bhar Restaurant, Umm al-Quwain Beach Resort, Tel. 7 66 66 47. V. a. libanesische Küche, dazu Themenabende. ○○

Ras al-Khaimah 53

Das nördlichste aller Emirate (ca. 110 000 Einw.) ist zugleich das fruchtbarste. An den Abhängen der Berge und zur Wüste hin breiten sich grüne Felder und Oasen aus. Der Teilstaat kann aber auch auf eine reiche Geschichte verweisen. Nahe den heißen Quellen von **Khatt** wurden Scherben und Feuersteine aus dem 3. Jt. v. Chr. gefunden. Im 7. Jh. n. Chr. stieg **Julfar** zu einer wichtigen Hafenstadt auf. Ras al-Khaimah war den Briten als »Piratennest« ein Dorn im Auge, deshalb zerstörten sie 1819 dessen Flotte und besetzten die gleichnamige Hauptstadt. Als 1971 die VAE gegründet wurden, beschloss der Emir, dem Bund nicht beizutreten, änderte aber bereits nach drei Monaten seine Meinung.

Hauptstadt Ras al-Khaimah

Wie in Dubai teilt ein Creek auch die Hauptstadr Ras al-Khaimah in zwei Hälften. Die alte Stadt liegt auf einer Halbinsel und besticht durch ihre Ruhe und gut erhaltene Struktur.

Der alte ***Fischerhafen** lohnt einen Besuch. Morgens, wenn die Fischer zurückkehren, herrscht reger Betrieb. Etwa 500 m weiter nördlich liegt der Suq im ältesten Teil der Stadt direkt am Creek; viele Waren werden noch mit Booten und kleinen Schiffen angeliefert.

Wie üblich ist auch in Ras al-Khaimah das ***Museum** im alten Fort untergebracht. Die Ausstellung gibt einen Einblick in die Flora und Fauna, präsentiert archäologische Fundstücke, informiert über die Produktion von Silberschmuck und zeigt nicht zuletzt auch Bilder der herrschenden Familie. Besondere Beachtung verdient der alte Windturm, der noch funktioniert. (Mo, Mi–So 8–12, 16–19 Uhr).

!! Die Vorwahl im Emirat Ras al-Khaimah ist 07.

Karte Seite 78

Orientalische Tabakspfeife

Flughafen: Ras al-Khaimah Airport (ca. 15 km außerhalb der Stadt).

Ras al-Khaimah Hotel, Tel. 236 29 99, Fax 236 29 90, rakhotel@emirates.net.ae. Auf einem kleinen Hügel, direkt über dem Dhauhafen gelegen. ○○○

Al Hamra Fort Hotel & Resort, Tel. 244 6666, Fax 244 66 77, www.alhamrafort.com. Im Festungsstil errichtetes Haus an einem weiten, leeren Strand etwa 20 km von der Stadt entfernt (Shuttlebus). ○○○

Hilton Ras al-Khaimah, Tel. 228 8888, Fax 228 66 77, www.hilton.com. Arabisch-leger eingerichtete Zimmer, nahe zu Strand, Stadt und Markt. ○○○

Al-Nakheel Hotel, Tel. 222 28 22. Im Herzen der Stadt gelegen. ○○

Al-Sana Restaurant, im Ras al-Khaimah Hotel, Tel. 2 36 29 99. Der Bogen der angebotenen Speisen spannt sich von Europa bis China. ○○

Al-Araibi Restaurant, Oman Street. Lamm vom Grill, Shish Kebab, gegrilltes Huhn und andere arabische Spezialitäten. Vor allem Einheimische genießen es, hier zu essen. ○

Kamelrennen finden im Winter jeden Freitag statt, manchmal auch am Dienstag und Mittwoch. Die Rennstrecke Ras al-Khaimahs ist die beste der VAE und daher populär.

Ausflüge von Ras al-Khaimah

Shimal

Der kleine Ort 5 km nördlich der Hauptstadt ist vom archäologischen Standpunkt aus einer der wichtigsten in den Emiraten. Seit dem 2. Jt. v. Chr. siedeln hier Menschen. Die Ausgrabungen belegen, dass Shimal einst eine der größten Siedlungen in dieser Region des Arabischen Golfs war.

Hauptattraktion ist der **Palast der Königin von Saba,** die Ruinen einer befestigten Anlage auf zwei schmalen Plateaus über dem Dorf. Ob die Königin je hierher kam, ist ungewiss. Sicherer erscheint die Version, dass Königin Zenobia vom syrischen Palmyra Shimal im 4. Jh. zu Besuch hier war.

Rams

12 km nördlich von Ras al-Khaimah liegt an der Küste die kleine Stadt Rams. Hier war 1819 ein britischer Landeplatz. Den Ansturm der Briten konnten auch die Wachtürme, von denen einige noch stehen, nicht aufhalten. Die Einwohner flohen in das 4 km entfernte Dhayah und verschanzten sich in der Festung, deren Überreste auf der Kuppe eines Hügels hinter dem modernen Ort liegen. Beim Ausflug sollte man auf den Weg achten: Der Fels ist glitschig, das Gestein locker.

Nur wenige Kilometer außerhalb Ras al-Khaimahs liegen die **Thermalquellen von Khatt,** die wegen ihrer Heilkraft auch bei den Einheimischen sehr beliebt sind.

Karte Seite 78

Fujairah

Wegen seiner Lage zwischen den östlichen Abhängen des schroffen Hajar-Gebirges und der wildromantischen Ostküste am Golf von Oman mit langen einsamen Stränden gilt das Emirat als das landschaftlich schönste der VAE. Die etwa 80 000 Bewohner des Scheichtums leben vom Fischfang, vom Anbau von Datteln, Zitrusfrüchten, Gemüse und Tabak; in der Steppe ist die nomadische Viehzucht vorherrschend.

Hauptstadt Fujairah

In der Hauptstadt sollte man durch die Altstadt bummeln, die an die weitläufigen Dattelpalmenhaine anschließt, und dabei auch das **Fort** beachten. Seine hohen, dicken Mauern machten die Wehranlage einst uneinnehmbar. Nun hat man mit der Renovierung der Verteidigungsanlage, die Fujairahs Regent mit seiner Familie als Residenz nutzt, begonnen.

Wer durch die engen Straßen und Gassen von Fujairah streift, kann sich zwar gut vorstellen, wie sich das Leben hier früher gestaltete, doch geht von den verlassenen Häusern eine seltsam gedrückte Stimmung aus. Sie wird dadurch verstärkt, dass sich die neue Stadt südlich und westlich der Ruinen ausbreitet.

Nicht weit von der Altstadt entfernt liegt das **Museum.** Es wurde 1991 eröffnet und gehört zu den interessantesten Museen der Emirate. Die archäologische Sammlung präsentiert Fundstücke aus Bidiyah und einigen anderen Grabungsorten der Umgebung. Prunkstück ist ein vollständig erhaltener Behälter, der aus einem Straußenei gefertigt wurde.

In der ethnologischen Abteilung findet man alte Fotografien, Waffen, Werkzeuge, Haushaltsgeräte und historische Kleidung (So–Do 8–13, 16–18, Fr 14 bis 18 Uhr).

!! Die Vorwahl im Emirat Fujairah ist 09.

Flughafen: Fujairah International Airport

Le Meridien Al Aqah Beach Resort, Tel. 244 90 00, Fax 244 90 01, www.lemeridien.com. Neues Strandhotel, ca. 50 km nördlich der Stadt Fujariah, alle Zimmer mit Meerblick. ○○○

Hilton International, Al-Paseel Rd., Tel. 2 22 24 11, Fax 2 22 65 41, www.hilton.com, shjhitw.res@hilton.com. Großes, modernes Haus mit Restaurant, schöner Blick auf den Ozean. ○○○

Ausflug von Fujairah 54

Der Tagesausflug auf der Küstenstraße in Richtung Norden bietet schöne Landschaft, ausgezeichnete Bade- und Wassersportmöglichkeiten an kilometerlangen menschenleeren Sandstränden und die älteste Moschee der VAE.

Khor Fakkan gehört zum Emirat Sharjah. Das kleine aufstrebende Zentrum entwickelte sich in den letzten Jahren zu einer wichtigen Hafenstadt. An der Strandpromenade liegt der neue Suq, der wohl nicht zufällig an jenen in Sharjah erinnert. Der weite, weiße Sandstrand ist vor allem bei den Jugendlichen beliebt, die mit Geländewagen mehr oder weniger temperamentvoll hin- und herrasen.

Im nahe gelegenen **Bidiyah** befindet sich die älteste *Moschee der VAE. Sie ist über 300 Jahre alt und wurde wahrscheinlich von

Karte Seite 78

Die älteste Moschee der VAE, Bidiyah

einem Jemeniten erbaut. Für diese Vermutung spricht zumindest die Architektur des weiß gekalkten Gotteshauses.

Dibba, der Endpunkt dieses Ausflugs, ein kleiner, mediterran anmutender Fischerort an der Küste, ist zweifellos die schönste Siedlung der Vereinigten Arabischen Emirate. Historische Bedeutung hat er erlangt, weil hier 633 die letzte Schlacht geschlagen wurde, mit der die islamische Eroberung der Arabischen Halbinsel abgeschlossen wurde. Dibba nimmt eine Sonderstellung ein, da es sich eigentlich um drei Ortschaften handelt, die zu drei verschiedenen Emiraten bzw. Staaten zählen. Dibba Muhallab gehört zum Emirat Fujairah, Dibba Hisn zum Emirat Sharjah, und Dibba Bayha ist dem Sultanat Oman zugehörig.

12 Musandam

Die Halbinsel Musandam gehört zum Sultanat Oman, ist aber durch einen 70 km breiten Landstreifen, der zu den VAE gehört, vom restlichen Staatsgebiet getrennt. Bis vor wenigen Jahren war die bergige Halbinsel militärisches Sperrgebiet, da sie weit in die Straße von Hormuz hineinragt, eine der wichtigsten Öltankerrouten, und es übers Wasser nur knapp 65 km hinüber zum Iran sind. Doch jetzt sind die Grenzen offen und in Khasab, der Provinzhauptstadt, gibt es mittlerweile ein paar touristische Unterkünfte. »Norwegen« des Mittleren Ostens« wird sie von Europäern genannt, bei den Einheimischen heißt sie Rus al-Jibal – »Köpfe der Berge«. Beide Namen deuten auf den landschaftlichen Charakter der Halbinsel hin, nämlich karge Berge, deren Steilwände senkrecht zum Meer hin abfallen und nur an wenigen Stellen ausreichend Platz für Besiedelung ließen. Deshalb lebten die Menschen, Angehörige des Shihu-Stammes, als Halbnomaden teils in den Bergen, wo sie dem kargen Boden mittels Terrassenfeldbau Getreide und Futtergras für ihre Ziegenherden abgewannen. Zur Dattelernte verdienten sie sich an der Küste ein Zubrot als Pflücker.

Fujairah liegt nur ca. 45 km von der Grenze zu Musandam entfernt und bietet sich als Ausgangspunkt für einen Abstecher in dessen Bergwelt an. Mit dem Geländewagen können Sie z.B. das Wadi Khab Shamsi besuchen. Für einen Besuch der Provinzhauptstadt Khasab fahren Sie weiter durch das Wadi nach Ras al-Khaimah und dann die Küste nach Norden, denn nur dort gibt es an der Grenze die nötigen Visa. In Khasab starten Bootsausflüge in die Meeresarme Musandams, wo es sich herrlich baden und tauchen lässt.

Infos von A–Z

Ärztliche Versorgung

Die medizinische Versorgung entspricht durchaus europäischem Niveau. In Abu Dhabi, Dubai und Masqat verfügen die meisten Hotels über Vertrauensärzte, die entweder Deutsch oder Englisch sprechen. Behandlungen sind für Touristen kostenpflichtig, deshalb empfiehlt sich der Abschluss einer zusätzlichen Auslandsreisekrankenversicherung. Apotheken *(pharmacies)* sind in Oman und den VAE in fast jedem Ort – und zwar im Suq – zu finden, sie führen das gängige europäische Sortiment.

Alkoholika

Alkohol kann in Hotels und lizensierten Restaurants erworben werden – lediglich das Emirat Sharjah gilt als »trocken«. Wein, Bier und Brände sind teuer und die Gesetze bezüglich alkoholisierten Auftretens in der Öffentlichkeit sehr streng.

Ausreise

Die Ausreisegebühr am Flughafen Masqat in Oman beträgt 5 Rial pro Person, die oft schon im Ticketpreis enthalten ist; an den Grenzübergängen zahlen Sie 2 Rial pro Auto.

Bei Ausreise aus den VAE ist eine Gebühr von 20 Dirham pro Person ausschließlich in Landeswährung zu entrichten.

Weder aus Oman noch aus den Vereinigten Arabischen Emiraten dürfen antike Gegenstände, archäologische Fundstücke oder Korallen und Muscheln ausgeführt werden.

Behinderte

Einrichtungen für Behinderte gibt es in beiden Ländern, in Oman gelten sie sogar als vorbildlich. Öffentliche Gebäude müssen behindertengerecht zugänglich sein, Ämter, Hotels und Shoppingcenter müssen gekennzeichnete Parkplätze zur Verfügung stellen. Information und Ratschläge: **Association for the Welfare of the Handicapped Children,** Masqat (Oman), Al-Ghobra, P. O. Box 1056, Tel. 59 18 22.

Diplomatische Vertretungen

Vertretungen in Europa

- **Botschaften des Oman:**

D-14195 **Berlin,** Clayallee 82,
Tel. 0 30/84 41 69 70, Fax 81 00 51 97,
botschaft-oman@t-online.de
A-1090 **Wien,** Währinger Str. 2–4,
Tel. 01/3 10 86 43, Fax 3 10 72 68,
embassy.oman@chello.at
CH-1292 **Chambésy,** Chemin de Roilbot 3 a, Tel. 0 22/7 58 96 60,
Fax 7 58 96 66.

- **Botschaften der VAE:**

D-10785 **Berlin,** Hiroshimastr. 18–20,
Tel. 0 30/ 51 65 16, Fax 51 65 19 00,
www.vae-botschaft.de
A-1190 **Wien,** Peter-Jordan-Str. 66,
Tel. 01/3 68 14 55, Fax 3 68 44 85,
emirates.vienna@utanet.at
CH-1209 **Genf**, 58, rue Moillebeau,
Tel. 0 22/9 18 00 00, Fax 7 34 55 62,
mission.uae@ties.itu.int

Botschaften in Oman

- **Deutschland:** Masqat, Ruwi,
Qaboos Street, Tel. 7 73 24 82,
Fax 7 73 56 90,
diplofrg@omantel.net.com
- **Österreich:** Masqat, Ruwi, Moosaa Abdul Rahman Hassan Complex,
Bldg. 477, Zimmer 203–204, Ruwi,
Tel. 79 31 35, Fax 79 36 69,
maskat-ob@bmaa.gv.at
- **Schweiz** (Honorarkunsulat):
Masqat, Al Qurm,
Al Asfoor Plaza Bldg., Tel. 56 82 02,
Fax 56 82 06,
consul@omantel.net.com

Botschaften in den VAE

- **Deutschland:** Abu Dhabi, Darwish Bin Seeri Bldg., al-Nahyan St., Tel. 02/443 56 30, Fax 445 57 12, www.germemb.org.ae; Generalkonsulat: Dubai, Deira, Rustamani Bldg., Al-Maktoum St., Tel. 04/397 23 33, Fax 397 22 25, www.deutschesgeneralkonsulatdubai.org.ae
- **Österreich:** Abu Dhabi, Al Khazna Tower, Kalifa St., Tel. 02/676 66 11, Fax 671 55 51, abu_dhabi-ob@bmaa.gov.at
- **Schweiz:** Abu Dhabi, Dhabi Tower, Hamdan St., Tel. 02/627 46 36, Fax 626 96 27; Konsulat in Dubai, Dubai World Trade Center, Tel. 04/331 35 42, Fax 331 36 79, vertretung@dai.rep.admin.ch

Einreise

Für die Einreise ins Sultanat **Oman** benötigt man neben einem noch sechs Monate gültigen Reisepass ein Visum. Deutsche, Österreicher und Schweizer erhalten es gegen Gebühr bei der Einreise am Flughafen Masqat und an den wichtigsten Grenzübergängen. Es berechtigt zur einmaligen Einreise und 30 Tagen Aufenthalt. Bei der Polizei in Masqat kann es – ebenfalls gebührenpflichtig – um 30 Tage verlängert werden.

Für die Einreise in die **Vereinigten Arabischen Emirate** benötigen Sie nur einen Reisepass, der noch mindestens sechs Monate gültig ist. Deutsche, Österreicher und Schweizer erhalten bei der Einreise in die VAE an allen Flug- und Seehäfen sowie an allen Grenzübergängen ein kostenloses Visum für einen Aufenthalt von vier Wochen, das gegen Gebühr bei Bedarf verlängert werden kann. Es empfiehlt sich jedoch, sich vor der Reise bei den Behörden nach den aktuellen Bestimmungen zu erkundigen, nachdem dem Besucher jeder »illegale« Tag in den VAE bei der Ausreise mit 100 DH in Rechnung gestellt wird (Antragsformulare im Internet unter www.vaebotschaft.de).

Feiertage

Die religiösen Feiertage richten sich nach dem islamischen Mondkalender und verschieben sich daher jedes Jahr gegenüber dem gregorianischem Kalender um ein paar Tage.

- **Islamisches Neujahr** (Al-Hijra): 10.2.2005, 31.1.2006, 20.1.2007.
- **Mohammeds Geburtstag** (Maulid): 21.4.2005, 11.4.2006, 31.3.2007.
- **Ramadan-Beginn:** 3.10.2005, 24.9.2006, 13.9.2007
- **Id al-Fitr** (Ende der Fastenzeit): 3.11.2005, 24.10.2006, 13.10.2007.
- **Hammelfest** (Id al-Adha): 10.1.2006, 20.12.2007.
- **Nationale Feiertage in den VAE:** 1.1. (Neujahr), 2. und 3.12. (Nationalfeiertag) sowie 6.8. (Thronbesteigung Scheich Zayeds).
- **Nationale Feiertage in Oman:** 18.11. (Geburtstag Sultan Qaboos').

Fotografieren

Abgesehen von militärischen Anlagen, Flug- und Seehäfen, Ölförderanlagen und einigen gesondert gekennzeichneten Gebäuden (»No Photography«) bestehen keine Beschränkungen. Menschen, v. a. Frauen, müssen Sie vor dem Fotografieren um Erlaubnis fragen – Zuwiderhandlungen können auf der Polizeiwache und mit der Beschlagnahme des Films enden.

Fotomaterial ist in den größeren Städten überall erhältlich, das Preisniveau gleicht dem europäischen. Bei Reisen in das Landesinnere sollte genügend Material mitgeführt werden. Wegen der extremen Lichtverhältnisse werden Filme geringerer Lichtempfindlichkeit (25 bis 100 ASA) empfohlen.

Geld und Währung

Die omanische Währungseinheit ist der Rial Omani (R.O.), unterteilt in 1000 Baizas (Bz.). Währungseinheit in den VAE ist der Dirham (Dh) = 100 Fils. Hotels, Restaurants und Geschäfte akzeptieren die gängigen Kreditkarten, in den Suqs empfiehlt sich Bargeld. Mittels PIN-Code kann an Bankomaten Geld abgehoben werden (Kreditkarte oder EC-Karte mit Maestro-Zeichen).

Impfungen

Vor einer Reise nach Oman und in die VAE sollte man von sich aus einige Impfungen durchführen. Wichtig ist ein Schutz gegen Hepatitis A und B, Typhus, Diphtherie, Tetanus, Kinderlähmung und u. U. eine Malariaprophylaxe (das Risiko kann durch einfache Maßnahmen (lange Hosen und langärmlige Hemden und Mittel gegen Insekten gesenkt werden).

Information

Weder Oman noch die VAE verfügen über ein Fremdenverkehrsbüro in Europa. Bei speziellen Fragen wenden Sie sich bitte an die jeweilige Botschaft (s. S. 97).

Über Dubai informiert ausführlich das **Government of Dubai Department of Tourism and Commerce Marketing,** Bockenheimer Landstraße 23, 60325 Frankfurt/M., Tel. 0 69/71 00 02-0, Fax 71 00 02 34, www.dubaitourism.co.ae.

Gute Informationen finden Sie auch im **Internet,** siehe Umschlagklappe hinten.

Kleidung

In der Öffentlichkeit sollten Männer stets lange Hosen und dazu Hemden aus Baumwolle oder kurzärmelige Shirts tragen.

Frauen sollten sich für Kleidungsstücke entscheiden, die Arme und Knie auf jeden Fall bedecken. Badekleidung wird nur am Strand getragen.

Medien

Deutschsprachige Zeitungen und Zeitschriften sind nur in großen Hotels erhältlich. In Oman erscheinen täglich die englischsprachigen Blätter »Oman Daily Observer« und »Times of Oman«, in den VAE »Khaleej Times« und »Gulf News«; alle behandeln Europa und europäische Ereignisse ausführlich.

Englischsprachige Radiosendungen können in Oman auf FM 90,4 (Masqat) und FM 94,3 (Salalah), in den VAE auf FM 93, die TV-Nachrichtensender BBC und CNN in jedem Hotel, aber auch in Haushalten empfangen werden.

Naturschutz

Natur- und Artenschutz wird in Oman und den VAE großgeschrieben. Verschmutzung jeder Art, v. a. aber von Kanälen und Brunnen, sowie Beschädigung von Bäumen sind verboten und werden streng geahndet. Auch das Sammeln von Korallen, Schildkröten, Hummern, Muscheln und Meeresschnecken (Abalonen) ist nicht gestattet. Sportangeln ist nur mit Leine und Haken erlaubt und bedarf der Genehmigung des Generaldirektorats für Fischerei (Tel. 0 09 68/ 69 63 00).

Netzspannung

Die Netzspannung beträgt zwischen 220 und 240 V Wechselstrom. Adapter für die der britischen Norm entsprechenden Stecker gibt es in den Hotels.

Öffnungszeiten (Oman und VAE)

- **Banken:** Sa–Do 8–12 Uhr, einige Banken Do nur bis 11 Uhr.
- **Geschäfte:** Sa–Do 8–13, 16–20 Uhr, Fr 9–11, 16–20 Uhr, manche auch länger, in den Suqs auch Fr.
- **Ministerien:** Sa–Mi 7.30–13.30, Do 7.30–12 Uhr.

- **Museen:** in der Regel Sa–Do 9–13, 16–19 Uhr, Fr oft nachmittags. In den meisten Museen ist Eintritt zu zahlen (Oman rund 500 Baiza, VAE rund 5 Dh).
- **Restaurants:** tgl. 11–15, 18–24 Uhr. Die kleinen Restaurants am Straßenrand haben tgl. rund um die Uhr geöffnet (außer Fr von 11.30–12.30 Uhr).

Post

Postämter sind in Oman und den VAE Sa–Mi 7.30–13 und 15.30–19.30 Uhr offen. Karten und Briefe brauchen nach Europa etwa sieben Tage. Für eine Karte sind in Oman 150 Bz., in den VAE 1,50 Dh zu bezahlen, für einen Brief ab 200 Bz. bzw. 2 Dh.

Preisniveau

Oman und die Vereinigten Arabischen Emirate gelten als hochpreisige Destinationen. Die Preise für Hotels der gehobenen und der Luxuskategorie entsprechen jenen in Europa, ebenso die in den Hotels angeschlossenen Restaurants.

Wesentlich günstiger kann man in kleinen Restaurants in den Städten oder an den kleinen, an allen Ecken und Enden vorhandenen Imbissständen essen. Goldschmuck und Textilien sind in Dubai weitaus preiswerter als in Europa, teuer hingegen sind Dolche oder antiker Silberschmuck in Oman.

Einige Preisangaben finden Sie auf S. 108.

Sicherheit

Kriminalität ist fast ein Fremdwort, Angst vor Taschendieben daher unbegründet. Das sollte aber nicht dazu verführen, Schmuck oder teure Fotoausrüstungen provokant zur Schau zu stellen. Das Sprichwort von der Gelegenheit, die Diebe macht, gilt natürlich auch hier.

Über die aktuelle Sicherheitslage informiert das Auswärtige Amt: www.auswaertiges-amt.de

Skorpione, Schlangen und Schnecken

Gegen Skorpione schützt man sich am besten durch festes Schuhwerk. Wird im Freien übernachtet, so sollten Kleidung und Schuhe vor dem Anziehen erst einmal ausgeschüttelt werden. Während Skorpione noch relativ leicht auszumachen sind und eine Begegnung mit ihnen durchaus möglich ist, kommt es höchst selten vor, dass man eine Schlange zu Gesicht bekommt.

Wer dennoch von einer solchen gebissen wird, sollte sich schnell zum Arzt oder ins Krankenhaus begeben. Es ist dabei von Vorteil, wenn die Schlange näher beschrieben werden kann. Auf jeden Fall heißt es Ruhe bewahren.

An den Küsten des Sultanats Oman kommen – wenn auch sehr selten – die Kegelschneckenarten *Conus pennaceus* und *Conus textile* vor. Bei Berührung schießen diese Tiere einen kleinen Pfeil ab, der ein starkes Nervengift enthält.

Sprache

In Oman wie in den Vereinigten Arabischen Emiraten ist Arabisch Amtssprache. In den meisten Fällen aber sind sowohl Verkehrsschilder als auch Hinweistafeln jeglicher Art sowie Speisekarten zusätzlich in Englisch beschriftet. In den großen Städten wie Abu Dhabi, Dubai und Masqat sowie in Hotels ist die Verständigung auf Englisch kein Problem.

In den Dörfern des Landesinnern hingegen kann es vorkommen, dass man auf Gesten- und Zeichensprache zurückgreifen muss. Es ist auf jeden Fall von Vorteil und wird allgemein geschätzt, wenn man sich ein paar Worte und Sätze auf Arabisch aneignet und sich dann auch nicht scheut, sie im Gespräch zu verwenden.

Telefon

Ferngespräche können von öffentlichen Telefonzellen mit Telefonkarten (hübsches Souvenir) geführt werden. Bequem, aber viel teurer telefoniert man vom Hotel aus. Inlandsgespräche sind von dort innerhalb des jeweiligen Emirats kostenlos.

- Internationale Vorwahlen: Deutschland 00 49, Österreich 00 43, Schweiz 00 41. Vorwahl von Europa für Oman: 0 09 68. Vorwahl VAE: 0 09 71.
- Ortsvorwahl in den Emiraten: Abu Dhabi 02, Ajman 06, Dubai 04, Fujairah 09, Ras al-Khaimah 07, Sharjah 06, Umm al-Quwain 06.
- In Oman gibt es keine Vorwahlen.
- Telefonbücher im Web: VAE: www.uae-ypages.com, www.onlineyellow.com; Oman: www.omantel-yellowpages.com

Die emiratische Telefongesellschaft Etisalat stellt sämtliche Rufnummern von sechs- auf siebenstellig um. Dieser Prozess ist noch nicht abgeschlossen. Die Nummern der gebührenfreien Auskunft: Tel. Ortsvorwahl und 180 (z. B. Abu Dhabi: 2-180, Dubai: 4-180).
In Oman ist ebenfalls für 2005 eine Umstellung der Telefonnummern geplant: Die bisherigen sechsstelligen Nummern werden durch Voranstellen von zwei Ziffern nach dem folgenden System erweitert: Im Dhufar 23, in Masqat 24, in der Dakhiliya und Sharqiyah 25, in der Batinah und Musandam 26. Wenn Sie veraltete Nummern wählen, nennt eine automatische Ansage die fehlenden Ziffern.
Bei Mobiltelefonen (bislang 7-stellig, stets mit 9 beginnend) wird voraussichtlich eine 7 vorangestellt.

Handy: Sowohl in Oman als auch in Den VAE gibt es Telefongesellschaften, die internationale Verträge geschlossen haben. Erkundigen Sie sich also vor der Reise bei Ihrem Anbieter, wer der entsprechende Roaming-Partner ist.

Wasser

Leitungswasser in den Großstädten stammt fast nur aus Meerwasserentsalzungsanlagen und kann bedenkenlos getrunken werden. Weit verbreitet ist abgefülltes Quellwasser.

Zeit

Die Zeitdifferenz zu Mitteleuropa beträgt plus drei Stunden im Winter bzw. zwei Stunden während der mitteleuropäischen Sommerzeit.

Zoll

Einfuhr von Tabak und Parfums zum persönlichen Gebrauch ist möglich, nach Abu Dhabi, Dubai und Masqat auch von 2 l alkoholischen Getränken. Abgesehen von der israelischen Währung können alle Fremd- und die nationalen Währungen unbegrenzt eingeführt werden.

Verboten ist die Einfuhr von Waffen, alkoholischen Getränken, Drogen, frischen Lebensmitteln und pornografischer Literatur. Zeitungen, Zeitschriften, Bücher und Videokassetten werden vom Zoll auf ihre »Freizügigkeit« überprüft.

Ausreise s. S. 97.

Wiedereinreise ins Heimatland: Zollfrei sind 200 Zigaretten, 1 l Hochprozentiges oder 2 l Wein sowie Geschenke im Gesamtwert von 175 Euro bzw. 300 CHF. Gemäß dem Washingtoner Artenschutzabkommen dürfen Produkte aus geschützten Tierarten nicht eingeführt werden; wer damit erwischt wird, dem drohen Beschlagnahme und hohe Strafen.

Langenscheidt Mini-Dolmetscher Arabisch

th = hartes englisches th,
dh = weiches englisches th,
ch = wie in Bach

Allgemeines

Guten Morgen	ßa**baach**_alchär
(Antwort)	ßa**baach**_in**nuur**
Guten Tag	aßalaamu_aleykom
(Antwort)	ualeykum_ußalaam
Hallo	mär**habba**
Wie geht's?	käf il_haal
Danke, gut.	al**hamm**dulillah
Ich heiße ...	**is**mie ...
Auf Wiedersehen.	**maa**ßalama
Morgen	ßa**baach**
Nachmittag	bada **thu**hr
Abend	ma**ßaa**
Nacht	**lä**la
morgen	**buck**ra
heute	al**joom**
gestern	**amm**s
Sprechen Sie Englisch?	(Mann) ant'tat**kallm** inglisie (Frau) antitat**kall**mi inglisie
Wie bitte?	lau ßa**macht**
Ich verstehe nicht.	anna la **aff**ham
Würde Sie das bitte wiederholen?	kamaan mar**ra** lau ßa**macht**
Langsamer bitte!	**schu**ay-**schu**ay
bitte	min **fadd**lack (zu Mann) / min **fadd**lick (zu Frau)
danke	**schu**kran
Keine Ursache.	al **aff**u
was / wer / welcher	shu / mann / ayya
wo / wohin	uen / **illa** uen
wie / wie viel	käf / bi kam
wann / wie lange	mat**ta** / la ämta
warum	leesch
wie heißt das?	schu **is**m **haa**dha
wo ist ...?	**uen** ..
Können Sie mir helfen, bitte?	**mumm**kin anta ti**ßa** idni, minn fadlak
ja	aiua / **naam**
nein	**la**
Entschuldigen Sie.	mitt aß**iff**
(Verzeihung)	(is**mach**li)
rechts	al ja**mien**
links	al ja**ßaar**
Einen Augenblick, bitte.	**lach**sa schuay

Sightseeing

Gibt es hier eine Touristen-information?	fi **mack**tab **tu**rism
Haben Sie einen Stadtplan?	aind**ak** char**ie**ta min al ma**dina**
Wann ist ... geöffnet?	ma**tta** **maf**tuch ...
... das Museum	... al mat**haff**
... die Kirche	... al kani**ßa**
... die Festung	... al **hißn**
Ich möchte ... besichtigen	anna uried an ... asuur
Wir möchten ... besichtigen	**nach**nu nuried an ... nasuur
geschlossen	**mur**lack
Wann schließt das Museum?	matta **tar**lack al matthaf
1 Karte bitte.	uaached ticket lau ßamacht
Gibt es einen Führer, der Englisch spricht?	fi dal**iel** bij**at**kallam inglisie

Shopping

Wo gibt es ...?	uen fi
Wie viel kostet das?	bi**kamm** **haa**dha
Das ist zu teuer.	**haa**dha raali ka**thier**
Das gefällt mir / nicht.	**haa**dha bid**schib**ni / **haa**dha la bidschibnie
Gibt es das in einer anderen Farbe / Größe?	ain**dack** **haa**dha fi laun **thaa**ni / ra**ckm** **ack**bar
Ich nehme es.	a**nna** **ach**dhu **haa**dha
Wo ist eine Bank?	uen al bank
Geben Sie mir bitte 100 g Käse / 2 Kilo ...	a**tini** miet gramm **dschub**na / **ith**nän kilo ...
Haben Sie deutsche Zeitungen?	aindak **dsch**arida alman**ija**
Wo kann ich ...	**mumm**kin uen anna ...
... telefonieren	... a**tal**fana
... eine Telefonkarte kaufen?	... **asch**tri kart telfoon
Danke, das ist alles.	schukran, haadha **kull**u
Können Sie mir das einpacken?	**mumm**kin anta ta**ha**sam haadha
Ich möchte mich nur umsehen.	anna uried an aschuf bass
Haben Sie Briefmarken?	aindak tabia baried

Notfälle

Ich brauche ...	anna uried ...
... einen Arzt / Zahnarzt.	**duk**toor / **tab**ieb **aß**naan
... einen Dolmetscher.	**tar**dschumaan
... Hilfe.	mu**ßaa**da
Rufen Sie ...	**ut**lub ...
... bitte einen Krankenwagen	... **ämb**juläns, lau **ß**amacht
... bitte die Polizei.	... asch **schur**ta, lau **ß**amacht
Wir hatten einen Unfall.	Kaan **ain**dana **haa**dith
Wo ist das nächste Polizeirevier?	uen al **mar**kaß al-bulies a**lakri**b
Man hat mir ... gestohlen.	ßarakuli ...
... den Reisepass	... al **paß**por
... das Geld	... al **fu**luß

Essen und Trinken

Die Speisekarte, bitte.	al mänju min **fad**lack
Brot	chubs
Kaffee	Neskaffee
arabischer Kaffe	**kach**ua
Tee	schai
ohne Zucker	bi**duun ßuck**ar
mit Milch	schai **chalie**b
Orangensaft	a**ßier** burtu**kaal**
Suppe	schurba
Fisch	**ß**amack
Fleisch	**lach**m
Huhn	da**schaasch**
Beilage	mu**dscha**milaat
vegetarische Gerichte	tabak al_akl naba**ati**
Ei / Eier	**bay**da / bay**daat**
Salat	**ß**alata
Dessert	halau**jaat**
Obst	fau**aake**
Eis	**buu**dha
Wasser	mai
mit / ohne	ma / bi**duun**
Getränk	scha**raab**
Limonade	scharab al-**laj**muun
Frühstück	fu**tuur**
Mittagessen	ra**daa**
Abendessen	**asch**a
Ich möchte bezahlen.	anna u**ried ad**fa
Es war sehr gut / nicht so gut.	al_akl kaan **kua**jiß / musch **kua**jiß

Im Hotel

Ich suche ein gutes / ein nicht zu teures Hotel.	anna a**b**chadhu **fun**duk **kua**jiß / **fun**duk musch **ra**ali
Ich habe ein Zimmer reserviert.	**ain**di reser**väischon**
Ich suche ein Zimmer für ... Personen.	anna uried **chur**fa li ... **scha**chs
Mit Dusche und Toilette.	maa **duu**sch ua **toa**let
Mit Balkon / Blick aufs Meer.	maa balkon / ma tatull al **bach**r
Wie viel kostet das Zimmer pro Nacht?	biekamm al_**chur**fa **bil**läl
Mit Frühstück?	maa fu**tuur**
Kann ich das Zimmer sehen?	**mumm**kin anna a**schuf** al_**chur**fa
Haben Sie ein anderes Zimmer?	ain**dack chur**fa **tha**nia
Das Zimmer gefällt mir / nicht.	al **chur**fa musch **kuai**jiß
Kann ich mit Kreditkarte bezahlen?	**mumm**kin anna **adfa** maa kräditkard
Können Sie das Gepäck in mein Zimmer bringen?	**mumm**kin **tach**dara a_**scha**naat alall_**chur**fa
Ich / Wir reise(n) heute ab.	anna / nachnu u**ßaa**fir (wir: nu**ßaa**fir) aljoom

Zahlen

Null	ßifr
Eins	**uaa**ched
zwei	**ith**nän
drei	th**alaatha**
vier	**ar**ba
fünf	**cham**ßa
sechs	**ß**itta
sieben	**ß**abba
acht	tha**mann**ja
neun	**ti**ßa
zehn	**asch**ara
elf	**ichdaa**scher
zwölf	**ithnaa**scher
dreizehn	thala**taasch**er
vierzehn	arba**taasch**er
fünfzehn	chamis**taasch**er
sechszehn	ßit**taasch**er
siebzehn	ßaba**taasch**er
achtzehn	thmann**taasch**er
neunzehn	tiß**ataasch**er
zwanzig	**asch**rien
hundert	**mie**ja

Orts- und Sachregister

Personenregister

Urlaubskasse

Tasse Kaffee	0,50 €
Softdrink	0,20 €
Glas Bier	3 €
Shawarma	0,50 €
Fruchtcocktail	1,90 €
Taxifahrt (Kurzstrecke ca. 12 km)	8,90 €
Mietwagen/Tag	38 €
1 l Superbenzin	0,22 €

Alle Informationen stammen aus zuverlässigen Quellen und wurden sorgfältig geprüft. Für ihre Vollständigkeit und Richtigkeit können wir jedoch keine Haftung übernehmen.
Ergänzende Anregungen bitten wir zu richten an:
Polyglott Verlag, Redaktion, Postfach 40 11 20, 80711 München.
E-Mail: redaktion@polyglott.de

Impressum

Herausgeber: Polyglott-Redaktion
Autor: Franziskus Kerssenbrock
Laufende Bearbeitung: Henning Neuschäffer
Lektorat: Dr. Karin Friedlmaier
Layout: Ute Weber, Geretsried
Satz Special: Carmen Marchwinski, München
Karten und Pläne: Christiane Reiß, Annette Buchhaupt
Satzumstellung: Schulz Bild + Tex, Dagebüll

PT 04L1

Erste Auflage 2005/2006

Printed in Germany
ISBN 3-493-56941-6
Dieses Buch wurde auf chlorfrei gebleichtem Papier gedruckt.